Warren W. Wiersbe

Sei fest gegründet

Der einfachen Wahrheit des Wortes Gottes
Vertrauen schenken

WARREN B. WIERSBE

Sei fest gegründet

Der einfachen Wahrheit
des Wortes Gottes
Vertrauen schenken

Studien des Alten Testaments:
1. Mose 1–11

Über den Autor:
Dr. Warren W. Wiersbe, ist Autor zahlreicher Bücher und Kommentare und zeitweilig am Cornerstone College in Grand Rapids, Michigan, tätig und Professor für Homiletik am Grand Rapids Baptist Seminary. Er ist Pastor dreier Gemeinden (einschließlich der Moody Church in Chicago) gewesen und war als Generaldirektor sowie Bibelausleger für Radiosendungen im Rahmen des Programms »Back to the Bible« verantwortlich. Mit diesem Band beginnt die dreibändige Reihe zum ersten Buch Mose. *Sei gehorsam* (das Leben Abrahams) und *Sei wahrhaftig* (1Mo 25 – 50) lauten die Titel der beiden anderen Bücher.

Fragen zum persönlichen und Gruppenbibelstudium sind mit eingeschlossen.

Bibelzitate nach der Revidierten Elberfelder Übersetzung, R. Brockhaus Verlag, Wuppertal und Zürich.

Wiersbe, Warren W.:
Sei fest gegründet
Der einfachen Wahrheit des Wortes Gottes Vertrauen schenken

ISBN 3-89436-328-2

Titel des amerikanischen Originals:
Be Basic
Believing the Simple Truth of God's Word
An Old Testament Study – Genesis 1 – 11

Übersetzung: Joachim Köhler, Zweenfurth
Satz: Enns Schrift & Bild, Bielefeld
Umschlaggestaltung: KerkmannDesignBüro, Wuppertal
Druck: Wiener Verlag, Himberg

Printed in Austria

Inhalt

Vorwort

Ob Sie die Bedienung eines Computers erlernen, den PKW-Führerschein erwerben oder einen Berg besteigen wollen – Sie müssen mit den Grundlagen beginnen. So begabt er auch war, selbst Mozart musste zunächst die Tonleiter beherrschen, während Shakespeare erst einmal das englische Alphabet erlernen musste, bevor er seine berühmten Theaterstücke schreiben konnte.

Kaum zu glauben, aber wahr: Auch der glänzendste Wissenschaftler bzw. die genialste Wissenschaftlerin haben mit Chemie- bzw. Physikkursen für Anfänger begonnen.

Als Coach Vince Lombardi (A.d.Ü.: berühmter US-amerikanischer Footballspieler und -trainer, der von 1913 bis 1970 lebte) während eines Halbzeitgesprächs die Angehörigen seines entmutigten Teams zu motivieren suchte, hielt er ein Schweinsleder hoch und sagte: »Das ist ein Football.« Ihre Leistung war so kläglich gewesen, dass er mit ihnen wieder ganz von vorn beginnen musste. Er wusste, was alle Fachleute wissen müssen: Wenn man erfolgreich sein will, muss man die Grundlagen kennen und beherrschen.

Die Grundlagen beinhalten jene elementaren Wahrheiten, die wir zum Fundament der von uns getroffenen Entscheidungen, der von uns geschätzten Werte und der von uns anvisierten Ziele machen. Wenn man sich fragt, warum es so viel Verwirrung und Zersetzung in der heutigen Welt gibt, liegt dies auch daran, dass Menschen die Grundlagen ignorieren oder ablehnen. Doch wer dies tut, gleicht einem Reisenden, der ohne Kompass oder Radar in See sticht, oder einem Arzt, der einen hirnchirurgischen Eingriff ohne Beleuchtung vornehmen will.

Das erste Buch Mose ist das »Buch der Grundlagen«, weil es das »Buch der Anfänge« in der Bibel umfasst.[1] Wer das erste Buch Mose kennt, ist mit den grundlegenden Wahrheiten – den Grundlagen – im Blick auf Gott, die Welt, sich selbst, andere Menschen, Gesetz, Sünde, Errettung, Ehe, Glauben und geistliche Erfüllung vertraut. Vom Geist

Gottes inspiriert schrieb Mose[2] das erste nach ihm benannte Buch, um uns mitzuteilen, wo wir herkommen, warum wir auf dieser Erde sind und was Gott von uns erwartet. Mose erklärte auch, wie das Volk Israel entstand – jene Nation, durch die Gott der Welt Offenbarungen sowie die Bibel gab und aus der schließlich unser Retter, der Herr Jesus Christus, kommen sollte.

Während das erste Buch Mose das grundlegende Buch der Bibel darstellt, baut die gesamte Schrift auf diesem mosaischen Werk auf. Im Neuen Testament finden sich über 200 Zitate aus dem ersten Buch Mose oder Stellen, die darauf Bezug nehmen. Dies bedeutet, dass es für den neutestamentlichen Christen wichtig ist, seine Botschaft zu verstehen.

Wenn ich Bücherkatalogen lese und die Regale in Buchhandlungen durchgehe, bin ich fasziniert davon, wie viele Werke über das erste Buch Mose kürzlich erschienen sind – geschrieben von säkularen Autoren sowie von Verfassern, die in der jüdisch-christlichen Tradition stehen. Man entdeckt in dem alten Buch der Genesis wieder die grundlegenden Wahrheiten, die wir im Weltraumzeitalter verstehen und anwenden müssen.

Das erste Buch Mose umfasst Gottes Einladung an Sie und mich, *fest gegründet zu sein.*

Warren W. Wiersbe

Ein Vorschlag zur Gliederung von 1. Mose 1 – 11

Thema: Anfänge
Schlüsselvers: 1. Mose 1,1

I. Schöpfung (1,1 – 2,3)

1. Gott erschafft das Universum (1,1)
2. Gott »bildet und füllt« das Erschaffene (1,2-31)
3. Gott ruht: der Sabbat (2,1-3)

II. Der Garden Eden (2,4-25)

1. Gott bereitet den Garten (2,4-15)
2. Gott schützt den Garten (2,16-17)
3. Gott sorgt für Gemeinschaft im Garten (2,18-25)

III. Der Sündenfall (3,1-24)

1. Versuchung (3,1-5)
2. Sünde (3,6-7)
3. Gericht (3,8-19)
4. Gnade (3,20-24)

IV. Die Konsequenzen des Sündenfalls (4,1 – 10,32)

1. Mord in der ersten Familie der Menschheit:
   Kain und Abel (4,1-24)
   Gott beruft Set (4,25-26)
2. Tod in der Menschheit (5,1-32)
3. Bosheit im menschlichen Herzen (6,1-22)
   Gott sendet die Sintflut (7,1 – 8,14)

4. Schwierigkeiten in der neuen menschlichen Gesellschaft (8,15 – 10,32)
   a) Gottes Bund (8,15 – 9,19)
   b) Noahs Versagen (9,20-29)
   c) Noahs Nachkommen (10,1-32)
5. Menschen rebellieren gegen Gottes Plan: Babel (11,1-9)

V. Ein neuer Anfang: die Berufung Abrahams (11,10-32)

EINS

1. Mose 1,1

Der Urzustand vor der Schöpfung

Trotz des für das erste Buch Mose verwendeten Namens Genesis (»Anfänge«) und trotz seiner Stellung als erstes Buch in der Bibel, bildet dieses Buch nicht den Anfang aller Dinge. 1. Mose 1,1 erinnert uns daran: *»Im Anfang … Gott.«* Bevor wir daher die in 1. Mose dargelegten Grundlagen studieren, sollten wir uns mit dem vertraut machen, was Gott vor dem im ersten Buch Mose aufgezeichneten Geschehen tat. Danach werden wir uns sein in diesem Buch festgehaltenes Werk und schließlich das näher ansehen, was den Ereignissen in der Genesis folgte. Solch einen groben Überblick brauchen wir, um uns die weitere Offenbarung Gottes in der Bibel ansehen zu können.

1. Vor dem ersten Buch Mose: der fertige Erlösungsplan

Was geschah, bevor Gott das Universum mit seinem Wort ins Dasein rief? Vielleicht erscheint dies manchem zu theoretisch und hypothetisch – als wollte man z.B. fragen: »Wie viele Engel können auf einem Stecknadelkopf stehen?« Doch der Schein trügt.[1] Schließlich handelt Gott nicht willkürlich, wobei die Tatsache, dass er etwas erschuf, auf großartige Pläne hindeutet, die er gehabt haben muss. Welche Situation bestand demnach vor 1. Mose 1,1? Was lehrt sie uns im Blick auf Gott und uns selbst?

Gott existierte in erhabener Herrlichkeit. Gott ist ewig. Er hat weder Anfang noch Ende. Daher ist er ein völlig sich selbst genügendes Wesen und auf niemanden angewiesen, wenn es um seine Existenz oder sein Handeln geht. »Es hat Gott gefallen, sich all des Erschaffenen anzunehmen«, schrieb A.W. Tozer, »doch er ist nicht verpflichtet, auf irgend etwas außerhalb seiner selbst einzugehen.«[2] Gott ist auf nichts angewiesen – weder auf das stoffliche Universum noch auf die Menschheit, und doch erschuf er beide.

Wenn Sie über etwas nachdenken wollen, das die Vorstellungskraft übersteigt, sollten Sie über das Ewige nachsinnen, das weder Anfang noch Ende hat. Als der Zeit unterworfene Geschöpfe können wir – Sie und ich – uns leicht auf die vergänglichen Dinge um uns her konzentrieren, doch es ist schwierig, wenn nicht unmöglich, sich das vorzustellen, was ewig ist.[3] Wer über Wesen und Charakter des Dreieinen Gottes, der immer war, immer ist, immer sein wird und sich nie ändert, nachdenkt, stößt an seine Grenzen. *»Im Anfang … Gott.«*

Mose schrieb: *»Ehe die Berge geboren waren und du die Erde und die Welt erschaffen hattest, von Ewigkeit zu Ewigkeit bist du, Gott«* (Ps 90,2). Johann Philipp Neumann drückte dies wie folgt aus:

> Heilig, heilig, heilig, heilig ist der Herr!
> Heilig, heilig, heilig, heilig ist nur er!
> Er, der nie begonnen,
> er, der immer war,
> ewig ist und waltet,
> sein wird immerdar.

»Prozesstheologie«, eine alte Irrlehre in modernem Gewand, behauptet, dass es einen »begrenzten Gott« gebe, der einen Prozess der Entwicklung zu einem »größeren« Gott durchlaufe. Doch wenn Gott Gott ist, dann ist er gemäß dem richtigen Verständnis des Wortes ewig und auf niemanden angewiesen. Er ist allwissend, allmächtig und überall da. Um einen »begrenzten Gott« zu bekommen, muss man zunächst den Begriff »Gott« umdefinieren, weil Gott per Definition keinen Begrenzungen unterworfen werden kann.

Wenn Gott begrenzt ist und »seine endgültige Größe noch nicht erreicht« hat, stellt sich außerdem die Frage: »Welche Macht verhilft ihm dazu?« Diese Macht würde größer als »Gott« und daher selbst Gott sein! Und hätten wir damit nicht anstelle eines Gottes zwei Götter?[4] Doch der Gott der Bibel ist ewig und hat keinen Anfang. Er ist unendlich und kennt keine Begrenzungen im Blick auf Raum und Zeit. Da er vollkommen ist, kann er sein Wesen nicht »vervollkommnen«. Er ist unwandelbar und kann sich nicht ändern.

Der Gott, den Abraham anbetete, ist der ewige Gott (1Mo 21,33). Mose sagte den Israeliten: »*Eine Zuflucht ist der Gott der Urzeit, und unter dir sind ewige Arme*« (5Mo 33,27). Habakuk sagte, dass Gott »*von alters her*« war (Hab 1,12; siehe auch 3,6), und Paulus bezeichnete ihn als »*ewigen Gott*« (Röm 16,26; siehe 1Tim 1,17).

Die göttliche Dreieinheit ist eine von Liebe geprägte Gemeinschaft. »*Im Anfang … Gott*« wäre für einen Bürger aus Ur in Chaldäa, der Heimatstadt Abrahams, eine sensationelle Aussage gewesen. Die Chaldäer und all ihre Nachbarvölker verehrten nämlich eine Vielzahl höherer und niederer Götter und Göttinnen. Doch der Gott des ersten Buches Mose ist der einzig wahre Gott und hat keine »Götterrivalen«, die er bekämpfen muss – eine Vorstellung, von der man in den Mythen und Sagen der antiken Welt liest (siehe 2Mo 15,1; 20,3; 5Mo 6,4; 1Kö 8,60; 2Kö 19,15; Ps 18,32).

Dieser eine wahre Gott existiert in drei Personen: Gott der Vater, Gott der Sohn und Gott der Heilige Geist (siehe Mt 3,16-17; 28,18-20[5]; Joh 3,34-35; 14,15-17; Apg 2,32-33.38-39; 10,36-38; 1Kor 12,1-6; 2Kor 13,13; Eph 1,3-14; 2Thes 2,13-14; Tit 3,4-6; 1Petr 1,1-2). Dies bedeutet nicht, dass ein Gott in drei verschiedenen Formen erscheint oder dass es drei Götter gibt. Vielmehr wird damit gesagt, dass Gott in drei Personen existiert, die in ihren Merkmalen gleich sind, obwohl sie individuell handeln und voneinander unterschieden werden müssen. Im Nicänischen Glaubensbekenntnis (325 n. Chr.) heißt es dazu: »Wir glauben an den einen Gott … Und an den einen Herrn Jesus Christus, Gottes eingeborenen Sohn, aus dem Vater geboren … Licht vom Licht, wahrer Gott vom wahren Gott, gezeugt, nicht geschaffen, eines Wesens mit dem Vater … Wir glauben an den Heiligen Geist …«

Ich erlebte einmal mit, wie ein Pastor einen Gottesdienst eröffnete. Dabei betete er: »Vater, danke dafür, dass du für uns am Kreuz gestorben bist.« Doch es war nicht Gott der Vater, sondern Gott der Sohn, der für Sünder am Kreuz starb, während es andererseits Gott der Heilige Geist ist, der verlorene Sünder überführt und sie zu Buße und Rettung leitet. Wer die Personen der göttlichen Dreieinheit durcheinanderbringt und verwechselt, verändert die Sachverhalte, die in der Schrift gelehrt werden – das ist gefährlich.

Die Lehre von der Dreieinheit war im Alten Testament noch nicht deutlich offenbart, weil im Alten Testament hervorgehoben wurde, dass der Gott Israels der eine Gott ist – ungeschaffen und einzigartig, der allein wahre Gott. Die Verehrung der falschen Götter ihrer Nachbarvölker stellte für die Israeliten eine große Versuchung dar, der sie wiederholt erlagen. Daher verkündeten Mose und die Propheten leidenschaftlich die Einheit und Einzigartigkeit des Gottes Israels. Noch heute betet der gläubige Jude als vor Gott Stehender jeden Tag »Das Schema Israel«: *»Höre* [schema], *Israel: Der HERR ist unser Gott, der HERR allein! Und du sollst den HERRN, deinen Gott, lieben mit deinem ganzen Herzen und mit deiner ganzen Seele und mit deiner ganzen Kraft«* (5Mo 6,4-5). Neben dem in der Schrift offenbarten Gott gibt es keine ebenbürtigen Wesen oder Rivalen.

Doch im Alten Testament lässt sich die wunderbare Wahrheit von der Dreieinheit ansatz- und andeutungsweise erkennen – eine Wahrheit, die später im Neuen Testament von Christus und den Aposteln eindeutig offenbart werden sollte. Überall, wo es im ersten Buch Mose *»lasst uns«* bzw. *»uns«* heißt (1Mo 1,26; 3,22; 11,7; siehe auch Jes 6,8), wird darauf hingedeutet, dass die Personen der Gottheit einmütig zusammenwirkten. Die vielen Beispiele, bei denen der *»Engel des HERRN«* am jeweiligen Geschehen beteiligt war, weisen auf die Gegenwart des Sohnes Gottes hin (siehe 1Mo 16,7-11; 21,17; 22,11.15; 24,7.40; 31,11; 32,25-31; 2Mo 3,1-4 und Apg 7,30-34 als Parallelstelle; 2Mo 14,19; 23,20-26; 32,33 – 33,17; Jos 5,13 ff.; Ri 2,1-5 und 6,11 ff.).

In Jesaja 48,16-17 und 61,1-3 redet der Messias (Gott der Sohn) von sich, dem Geist und dem Herrn (dem Vater). In Psalm 2,7 heißt es, dass Jahwe einen Sohn hat. Jesus bezog Vers 7 auf sich, als er seine Gegner, die ihn nicht als Sohn Gottes akzeptierten, mit seinen Aussagen konfrontierte (Mt 22,41-46). In 1. Mose 1,2 und 6,3 wird der Geist Gottes vom Herrn (dem Vater) unterschieden, wobei die gleiche Unterscheidung in 4. Mose 27,18; Psalm 51,13; Jesaja 40,13; 48,16 und Haggai 2,4-5 zu finden ist.

Obwohl das Wort »Dreieinheit« nirgendwo in der Bibel gebraucht wird, ist die entsprechende Lehre gewiss darin zu finden – im Alten Testament noch verborgen, aber im Neuen Testament offenbart. Hat diese tiefgründige und geheimnisvolle Lehre irgendeine praktische Bedeutung für den Gläubigen heute? Ja, weil der göttliche Wille für das

Universum, einschließlich des Heilsplans, von allen drei Personen der Gottheit ausging und auch von ihnen ausgeführt wurde.

Auf die göttliche Dreieinheit geht der Erlösungsplan zurück. Der wunderbare Erlösungsplan stellte keinen nachträglichen göttlichen Gedanken dar, denn die Gotteskinder wurden in Christus *»vor Grundlegung der Welt«* (Eph 1,4; vgl. Offb 17,8) auserwählt. Sie wurden dem Sohn vom Vater gegeben, um sowohl Teilhaber seines Reiches (Mt 25,34) als auch seiner Herrlichkeit (Joh 17,2.6.11-12.24) zu sein. Der Opfertod seines Sohnes beinhaltete kein Missgeschick, sondern einen festgesetzten Auftrag (Apg 2,23; 4,27-28), denn er wurde *»von Grundlegung der Welt an«* geschlachtet (Offb 13,8).

Gemäß dem ewigen Ratschluss beschloss die Gottheit, eine Welt ins Dasein zu rufen, zu der nach dem Bild Gottes erschaffene Menschen gehören sollten. Der Vater war an der Schöpfung ebenso beteiligt (1Mo 1,1; 2. Könige 19,15; Apg 4,24) wie der Sohn (Joh 1,1-3.10; Kol 1,16; Hebr 1,2) und der Heilige Geist (1Mo 1,2; Ps 104,30). Gott erschuf die Welt nicht, weil er ein Gegenüber brauchte, sondern weil er seine Liebe Geschöpfen zuwenden wollte, die im Gegensatz zu den Engeln in dem Bild Gottes erschaffen sind und bereitwillig auf seine Liebe reagieren können.

Die Gottheit beschloss, dass der Sohn auf die Erde kommen und für die Sünden der Welt sterben sollte. Dementsprechend kam Jesus, um den Willen des Vaters zu tun (Joh 10,17-18; Hebr 10,7). Die Worte aus dem Munde Jesu waren vom Vater (Joh 14,24), und die Werke, die er tat, vollbrachte er in göttlichem Auftrag (Joh 5,17-21.36; Apg 2,22) und in der Kraft des Geistes (Apg 10,38). Der Sohn verherrlicht den Vater (Joh 14,13; 17,1.4), während der Geist den Sohn verherrlicht (Joh 16,14). Die Personen der Heiligen Dreieinheit wirken zusammen, um den göttlichen Willen auszuführen.

Nach Epheser 1,3-14 hat der Heilsplan in der Dreieinheit seinen Ursprung: Wir sind vom Vater auserwählt (V. 3-6), vom Sohn erworben (V. 7-12) und vom Geist versiegelt (V. 13-14), wobei all dies zum Preis der Herrlichkeit Gottes (V. 6.12.14) geschehen ist.[6] Der Vater hat den Sohn bevollmächtigt, denen, die er ihm gegeben hat, ewiges Leben zu geben (Joh 17,1-3). All dies wurde geplant, bevor eine Welt überhaupt existierte!

Die Erkenntnis, dass alle drei Personen der Gottheit an der Errettung verlorener Sünder teilhaben, ist bedeutsam. Was Gott den Vater betrifft, wurde ich gerettet, als er mich aus Gnade in Christus vor Grundlegung der Welt erwählte, doch bevor ich zum Glauben kam, hatte ich von göttlicher Erwählung keine Ahnung.[7] Was Gott den Sohn angeht, wurde ich gerettet, als er für mich am Kreuz starb – eine großartige Wahrheit, die ich schon von frühester Kindheit an kannte. Doch im Blick auf Gott den Heiligen Geist wurde ich im Mai 1945 gerettet, als der Geist Gottes mich überführte und ich mein Vertrauen auf Jesus Christus setzte. Alles, was Gott von Ewigkeit her geplant hatte, wurde somit in meinem Leben Wirklichkeit.

Die geistliche Geburt ähnelt der natürlichen Geburt: Man erlebt sie, doch es dauert seine Zeit, bis man sie versteht! Schließlich würde ich mein Geburtsdatum nicht kennen, wenn es mir niemand mitgeteilt hätte. Erst nachdem wir in Gottes Familie hineingeboren worden sind, werden uns anhand des Wortes all die diesbezüglichen wunderbaren Aspekte offenbart, so dass wir sie anderen weitersagen möchten.

Wenn Sie versuchen, die Tiefen des ewigen göttlichen Ratschlusses zu ergründen, stoßen Sie an Ihre Grenzen. Seien Sie aber nicht entmutigt, denn jahrhundertelang haben angesehene und tiefgläubige Gelehrte diesbezüglich spekuliert und Schlussfolgerungen gezogen, ohne sich einig werden zu können. Einer der Professoren an meinem Seminar wies uns oft darauf hin: »Wer versucht, diese Sachverhalte zu erklären, nimmt vielleicht Schaden an seinem Verstand, und wer versucht, sie wegzuerklären, nimmt Schaden an seiner Seele.«

Mose fand dafür die beste Formulierung: *»Das Verborgene steht bei dem HERRN, unserm Gott; aber das Offenbare gilt uns und unsern Kindern für ewig, damit wir alle Worte dieses Gesetzes tun«* (5Mo 29,28). Wichtig ist nicht, alle Gedanken Gottes zu kennen, sondern alles zu tun, wozu Gott uns auffordert. *»Denn wir erkennen stückweise«* (1Kor 13,9).

2. Das erste Buch Mose: die verheißene Erlösung

Als Gott die Bibel schreiben ließ, gab er uns kein unhandliches theologisches Werk in die Hände, das in Themenbereiche mit Überschriften wie *Gott, Schöpfung, Mensch, Sünde* usw. eingeteilt ist. Stattdessen hinterließ er uns eine Geschichte, einen Bericht, dessen ewige Dimensionen über Anfang und Ende aller Zeit hinausreichen. Darin geht es um Gott und sein Handeln mit Menschen unterschiedlichster Art und darum, wie sie auf sein Wort reagierten. Wenn wir diese Berichte lesen, lernen wir viele Einzelheiten im Blick auf Gott, uns selbst und unsere Welt kennen. Wir entdecken, dass unsere persönliche Lebensgeschichte irgendwo auf den Seiten der Schrift zu finden ist. Wenn Sie lange und ehrlich genug lesen, werden Sie sich selbst in der Bibel wiederfinden.

In unseren Bibelübersetzungen gibt es im ersten Buch Mose fünfzig Kapitel – im Gegensatz zum hebräischen Urtext, der keine Einteilungen hat. Nach der Beschreibung der Schöpfung (Kap. 1,1 – 2,3), führte Mose elf »Geschlechterfolgen« an, die den Hauptteil des ersten Buches Mose bilden:

- die Himmel und die Erde (2,4 – 4,26);
- Adam (5,1 – 6,8);
- Noah (6,9 – 9,29);
- Noahs Söhne: Sem, Ham und Jafet (10,1 – 11,9);
- insbesondere Sem, der Stammvater der Semiten (11,10-26);
- Terach (11,27 – 25,11);
- Ismael (25,12-18);
- Isaak (25,19 – 35,29);
- Esau (36,1-8);
- die Edomiter, seine Nachkommen (36,9 – 37,1); und
- Jakob (37,2 – 50,26).

Diese Personen und Personengruppen werden im ersten Buch Mose vorgestellt.

Die ersten elf Kapitel des ersten Buches Mose befassen sich mit der *Menschheit im Allgemeinen* und konzentrieren sich auf vier große Ereignisse:

- die Schöpfung (1 – 2);
- den Sündenfall und seine Konsequenzen (3 – 5);
- die Sintflut (6 – 9); und
- die Rebellion in Babel (10 – 11).

Die übrigen Kapitel des ersten Buches Mose stellen *Israel im Besonderen* in den Mittelpunkt (12 – 50) und berichten vom Leben vier großer Männer:

- Abraham (12,1 – 25,18);
- Isaak (25,19 – 27,46);
- Jakob (28 – 36); und
- Joseph (37 – 50).[8]

Wir bezeichnen diese Männer als »Patriarchen«, weil sie die Erzväter des Volkes Israel waren.

Wenn Sie das erste Buch Mose studieren, sollten Sie daran denken, dass Mose keinen detaillierten geschichtlichen Abriss jeder Person oder jedes Ereignisses verfasst hat. Er zeichnete nur diejenigen Sachverhalte auf, die seiner Absicht dienlich waren, den Ursprung aller Dinge, insbesondere die Herkunft des Volkes Israel, zu erklären. In 1. Mose 1 – 11 wird menschliches Versagen dargestellt, doch mit der Berufung Abrahams machte Gott einen neuen Anfang. Die Sünde des Menschen hatte Gottes Fluch mit sich gebracht (Kap. 3,14.17; 4,11), doch aufgrund des gnadenreichen göttlichen Bundes mit Abraham wird schließlich die gesamte Welt gesegnet werden (Kap. 12,1-3).

Im ersten Buch Mose stellen Sie ebenso fest, dass immer dann, wenn es der Mensch am schlimmsten treibt und seinen Tiefpunkt erreicht, Gott neu mit ihm anfängt. Dr. G. Campbell Morgan sagte, dass im ersten Buch Mose bestimmte Abläufe immer wiederkehren, und zwar »Zeugung, Entartung und Wiederherstellung.«[9] Kain tötete Abel, doch Gott sorgte dafür, dass mit Set die gottesfürchtige Linie weitergeführt wurde. Und obwohl die Menschen immer gewalttätiger sowie gottloser wurden und Gott den allergrößten Teil davon ausrotten musste, erwählte er Noah und seine Angehörigen, um sein Werk weiterzuführen. Aus Ur in Chaldäa, einer heidnischen Stadt, berief Gott dann Abraham und Sara, um ihnen einen Sohn, Isaak, zu geben. Die Zukunft des göttlichen Heilsplans war mit diesem Sohn verknüpft. Isaak und Rebekka hatten zwei Söhne, Esau und Jakob. Gott verwarf jedoch Esau und erwählte Jakob, den Vater des Zwölfstämmevolkes Israel und Erben der Segnungen des Bundes.

Mit anderen Worten: Von Anfang bis Ende wird im ersten Buch Mose von Gottes souveränem Willen und seiner erwählenden Gnade berichtet. Dies bedeutet nicht, dass die dargestellten Personen bloße Roboter waren. Nein, sie begingen Fehler und versuchten sogar, Gottes Pläne zu durchkreuzen! Doch wann immer Menschen Gottes Herrschaft widerstanden, erwies er sich als der Stärkere und konnte seine göttlichen Vorsätze dennoch verwirklichen. *»Der Ratschluss des HERRN hat ewig Bestand, die Gedanken seines Herzens von Geschlecht zu Geschlecht«* (Ps 33,11).

Was im ersten Buch Mose beginnt, wird in der gesamten Bibel entfaltet und findet seine Erfüllung in der Offenbarung, wie Sie anhand folgender Zusammenfassung erkennen können:

Das erste Buch Mose	***Offenbarung***
Erster Himmel und erste Erde	Neuer Himmel und neue Erde
Der »Garten der Wonne«; der Baum des Lebens unzugänglich	Die »Stadt der Wonne«; der Baum des Lebens zugänglich
Die erste Hochzeit	Die letzte Hochzeit, die Hochzeit des Lammes
Satan verleitet Eva zur Sünde	Satan wird in den Feuersee geworfen
Der Tod kommt in die Welt	»Kein Tod mehr«
Babylon wird erbaut	Babylon wird zerstört
Verheißung des Erlösers	Herrschaft des Erlösers

Es gibt viele weitere Vergleiche und Gegensätze zwischen diesen beiden Büchern, doch damit wird Ihnen bereits eine gewisse Vorstellung davon gegeben, wie wichtig das erste Buch Mose für das Verständnis des Heilsplans Gottes und für die übrigen Bücher der Schrift ist.

3. Nach Abschluss des ersten Buches Mose: die vollbrachte Erlösung

Gott offenbarte seinen großen Heilsplan Schritt für Schritt. Zunächst gab er eine Verheißung (1Mo 3,15), die erste in der Bibel vorkommende Heilszusage. Sie umfasst die Verheißung eines Erlösers, der von einer Frau geboren werden, Satan bezwingen und der Menschheit Errettung bringen sollte. Der verheißene Retter würde ein Mensch und kein Engel sein, der Menschen und nicht gefallene Engel retten würde (Hebr 2,5-18).

Aus welchem Volk würde dieser verheißene Erlöser kommen? 1. Mose 12,1-3 beantwortet diese Frage: Der Erlöser wird ein Jude, ein Angehöriger des Volkes Abrahams, sein. Durch ein Wunder Gottes wurde Abraham und Sara ihr Sohn Isaak geschenkt, der wiederum der Vater Jakobs wurde. Doch Jakob hatte zwölf Söhne, auf die man Israels Einteilung als Zwölfstämmevolk zurückführt. Aus welchem von ihnen würde der Retter der Welt hervorgehen? 1. Mose 49,10 teilt es uns mit: Der Erlöser wird aus dem Stamm Juda kommen.

Das zweite Buch Mose sagt uns, wie Gott das große Volk Israel während seiner Leidenszeit im Land Ägypten wachsen ließ und es dann mit seiner überragenden Macht daraus befreite. Seinen Angehörigen war eigentlich ein Erbe in Kanaan verheißen, doch sie verweigerten Gott als Ungläubige den Gehorsam, so dass sie schließlich vierzig Jahre in der Wüste umherziehen mussten (4Mo 13 – 14). Josua führte die neue Generation daraufhin in das Land, wo sich das Volk niederließ.

Es folgte die tragische Zeit der Richterherrschaft und der Regentschaft Sauls, wovon das Richter- und erste Samuelbuch berichten. Gott ließ dann David zum König salben und gab eine Offenbarung, der zufolge der verheißene Erlöser aus Davids Geschlecht kommen sollte (2Sam 7). Er würde nicht nur *»der Sohn Davids«* sein, sondern sollte auch in Bethlehem, der Stadt Davids, geboren werden (Mi 5,1). Durch den Propheten Jesaja kündigte Gott an, dass er ein Wunder vollbringen würde: Der Erlöser sollte von einer Jungfrau geboren werden (Jes 7,14; siehe Lk 1,26-38).

Natürlich tat Satan während der gesamten alttestamentlichen Zeit alles nur Erdenkliche, um die Pläne Gottes zu durchkreuzen. Kain war aus dem Bösen (1Jo 3,12) und tötete seinen Bruder Abel, doch Gott sorgte dafür, dass mit Set die gottesfürchtige Linie weitergeführt wurde (1Mo 4,25-26). Während der Sintflut bewahrte Gott Noah und seine Angehörigen, bis schließlich aus Sems Nachkommenschaft Abraham, der Stammvater des Volkes Israel, hervorging.

Bei mindestens vier Gelegenheiten war der Fortbestand der gottesfürchtigen Linie bedroht. Zweimal log Abraham im Blick auf seine Frau Sara, so dass sie von heidnischen Herrschern begehrt wurde (Kap. 12,10-20; 20,1 ff.). Sein Sohn Isaak beging die gleiche Sünde und brachte damit seine Frau Rebekka in Gefahr (Kap. 26,6-16). Während einer dunklen Phase der späten Königszeit Israels ließ die gottlose Königsmutter Atalja alle Königssöhne umbringen, doch ein Thronanwärter, Joasch, wurde als kleiner Sohn gerettet und konnte die davidische Linie fortführen (2Kö 11).

Was können wir über die letztendliche Erfüllung sagen? *»Als aber die Fülle der Zeit kam, sandte Gott seinen Sohn, geboren von einer Frau, geboren unter Gesetz, damit er die loskaufte, die unter Gesetz waren«* (Gal 4,4-5). Der Engel verkündigte den Hirten: *»Denn euch ist heute ein Retter geboren, der ist Christus, der Herr, in Davids Stadt«* (Lk 2,11).

Die Verheißung war erfüllt worden! Und all das hatte im ersten Buch Mose begonnen!

Wenden wir uns nun Mose zu, um seinen großartigen inspirierten Bericht von der Erschaffung des Himmels, der Erde und des menschlichen Lebens zu lesen.

ZWEI

1. Mose 1

Wenn Gott spricht, geschieht etwas

Manche Menschen bezeichnen den Präsidenten der Vereinigten Staaten als »den mächtigsten Mann der Welt«, doch eine ganze Reihe früherer Präsidenten wäre damit nicht einverstanden. Mehrere ehemalige Präsidenten haben zugegeben, dass ihre Anordnungen nicht immer befolgt wurden und dass sie dagegen nicht viel unternehmen konnten.

Präsident Nixon ordnete beispielsweise während seiner ersten Amtszeit den Abriss einiger hässlicher baulicher Provisorien in der Mall (A.d.Ü.: Parkanlage vor dem Kapitol in Washington D.C.) an, die seit der Zeit des Ersten Weltkriegs dort standen und als Schandflecken galten. Es dauerte jedoch viele Monate, bevor die Anordnung umgesetzt wurde. Als die Journalisten anfingen, über den »selbstherrlich regierenden Präsidenten« zu schreiben, nannte Nixon die diesbezügliche Vorstellung »lächerlich«.[1] Präsidenten mögen offizielle Verfügungen herausbringen und unterzeichnen, aber es gibt keine Garantie dafür, dass etwas Dementsprechendes geschieht.

Wenn Gott jedoch spricht, *geschieht etwas*! *»Denn er sprach, und es geschah; er gebot, und es stand da«* (Ps 33,9). Wenn man sich die in 1. Mose 1 aufgezeichneten Taten Gottes ansieht, muss man einfach in ehrfurchtsvoller Anbetung niederfallen, denn seine Schöpfertaten offenbaren einen mächtigen und weisen Gott, dessen Wort Autorität hat.

1. Gott erschafft (1Mo 1,1-2)

In drei biblischen Büchern findet sich im Eingangsvers das Wort *»Anfang«*: 1. Mose 1,1; Markus 1,1 und Johannes 1,1. Jedes dieser Wörter ist bedeutsam. *»Im Anfang war das Wort«* (Joh 1,1) führt uns in die Ewigkeit vor aller Zeit, als Jesus Christus, das lebendige Wort Gottes, als der ewige Sohn Gottes existierte. Johannes wollte damit nicht sagen, dass Jesus einen Anfang hatte. Jesus Christus ist der ewige Sohn Gottes, der vor allen Dingen existierte, weil er es war, der alles erschaffen hat (Joh 1,3; Kol 1,16-17; Hebr 1,2). Daher ist der von Johannes erwähnte *»Anfang«* vor 1. Mose 1,1 einzuordnen.[2]

Das Markusevangelium beginnt folgendermaßen: *»Anfang des Evangeliums Jesu Christi, des Sohnes Gottes.«* Die Botschaft des Evangeliums fing nicht mit dem Dienst von Johannes dem Täufer an, denn schon in 1. Mose 3,15 wurde die gute Nachricht von der Gnade Gottes verkündigt. Hebräer 11 legt Zeugnis davon ab, dass Menschen während der gesamten alttestamentlichen Geschichte Gottes Verheißung glaubten, wobei diejenigen, die glaubten, gerettet wurden. (siehe Gal 3,1-9 und Röm 4). Als Johannes der Täufer, der Vorläufer Jesu, seinen Dienst versah, wurde erstmals die auf Jesus Christus von Nazareth hin ausgerichtete Botschaft *öffentlich bekannt gemacht* (siehe Apg 1,21-2 und 10,37).

»Im Anfang schuf Gott die Himmel und die Erde« (1Mo 1,1) bezieht sich auf die undatierbare Vergangenheit, als Gott das Universum aus dem Nichts ins Dasein rief (Ps 33,6; Röm 4,17; Hebr 1,3).[3] In 1. Mose 1,1-2 wird *erklärt*, dass Gott das Universum erschuf, während in den übrigen Versen des Kapitels das sechstägige Schöpfungswerk Gottes ausführlich *beschrieben* wird. (A. d. Hrsg.: Man beachte, dass das Wort »schaffen« nach Vers 1 erst wieder in Vers 21 und 27 – bei der Erschaffung des tierischen Lebens und des Menschen verwendet wird.)

26-mal wird in diesem Kapitel der Schöpfergott als *Elohim* bezeichnet – ein hebräisches Wort, das seine Majestät und Macht hervorhebt (der Bundesname »Jahwe« erscheint erstmals in 1. Mose 2,4). »Elohim« ist ein im Plural stehendes Substantiv, das stets in Verbindung mit Singularformen von Verben und Adjektiven gebraucht wird (im Hebräischen gibt es die Numeri [A.d.Ü.: svw. Zahlform des Nomens] Singular, Dual [A.d.Ü.: eigene sprachliche Form für zwei Dinge oder Wesen, die neben dem Singular und Plural existiert] oder Plural). Manche meinen, dass diese Pluralform den von Kennern der hebräischen Grammatik so bezeichneten »Majestätsplural« beinhaltet. Vielleicht ist sie auch ein Hinweis darauf, dass Gott in drei Personen existiert. In der Schrift wird die Schöpfung dem Vater (Apg 4,24), dem Sohn (Joh 1,1- 3) und dem Heiligen Geist (Ps 104,30) zugeschrieben.

»Elohim« offenbart seine Macht dahingehend, dass er alles erschuf, indem er lediglich ein Wort sprach. Materie ist nicht ewig. Ihre Existenz begann vielmehr, als Gott alles ins Dasein rief (Eph 3,9; Kol 1,16; Offb 4,11; 5,13). Die Schrift gibt keinen Aufschluss darüber, warum es Gott gefiel, in seinem Schöpfungswerk mit einem chaotischen Urzustand zu beginnen, der von Finsternis, Formlosigkeit und Leere geprägt war.[4] Der über den Wassern schwebende[5] Heilige Geist würde jedoch Chaos in Ordnung und Leere in Schönheit und Fülle verwandeln.[6] Dies kann er noch heute im Leben all derer tun, die sich ihm beugen.

Die Nationen, die rings um das Volk Israel lebten, hatten uralte Traditionen, die den Ursprung des Universums und der Menschheit »erklärten«. In diesen Mythen ging es um Ungeheuer, die in tiefen Weltmeeren kämpften und um Götter, die Schlachten ausfochten, um das Weltall ins Dasein zu rufen. Doch der einfache Bericht im ersten Buch Mose macht uns mit dem einen Gott bekannt, der alles erschuf und in seiner Schöpfung noch immer alles unter Kontrolle hat. Hätten die Angehörigen des Volkes Israel den Bericht des Mose genau gelesen, wären sie nie dem Götzenkult ihrer heidnischen Nachbarvölker verfallen.

2. Gott bildet (1Mo 1,3-13)

Es gibt für Gottes Handeln während der Schöpfungswoche ein Muster: Zuerst *bildete* er, um dann zu *füllen*. Er bildete drei Lebensbereiche: die Himmel, die Landmassen und die Wasser. Anschließend füllte er sie mit geeigneten Lebensformen.

Erster Tag (V. 3-5). Auf Gottes Gebot hin schien das Licht, das er anschließend von der Finsternis schied. Doch wie konnte es Licht geben, wenn die Lichtträger erst am vierten Tag erwähnt werden (V. 14-19)? Da uns nicht gesagt wird, dass dieses Licht von einem der göttlich erschaffenen Himmelskörper ausging, kam es möglicherweise von Gott selbst, der Licht ist (Joh 1,5) und sich in Licht hüllt wie in ein Gewand (Ps 104,2; Hab 3,3-4). In der Stadt der Ewigkeit wird das Licht immer scheinen, ohne dass Sonne oder Mond noch gebraucht werden (Offb 22,5). Warum sollte es daher kein Licht zu Beginn der Zeit gegeben haben, bevor die Himmelskörper gemacht wurden?[7]

Das Leben, wie wir es kennen, könnte ohne das Sonnenlicht nicht existieren. Paulus sah in diesem Schöpfungshandeln das Werk Gottes in der neuen Schöpfung – die Errettung der Verlorenen – vorgeschattet. *»Denn Gott, der gesagt hat: Aus Finsternis wird Licht leuchten! Er ist es, der in unseren Herzen aufgeleuchtet ist zum Lichtglanz der Erkenntnis der Herrlichkeit Gottes im Angesicht Jesu Christi«* (2Kor 4,6). *»In ihm* [Jesus] *war Leben, und das Leben war das Licht der Menschen«* (Joh 1,4).

In der Schrift ist das Licht mit Christus (Joh 8,12), Gottes Wort (Ps 119,105.130), Gottes Volk (Mt 5,14-16; Eph 5,8) und Gottes Segen (Spr 4,18) verbunden, während Finsternis mit Satan (Lk 22,53; Eph 6,12), Sünde (Mt 6,22-23; Joh 3,19-21), Tod (Hi 3,4-6.9), geistlicher Unwissenheit (Joh 1,5) und göttlichem Gericht (Mt 8,12) in Verbindung gebracht wird. Dies erklärt, warum Gott das Licht von der Finsternis schied, denn beide Zustände haben nichts miteinander gemein. Gottes Volk soll *»im Licht wandeln«* (1Jo 1,5-10), denn *»welche Gemeinschaft* (hat) *Licht mit Finsternis?«* (2Kor 6,14-16; Eph 5,1-14).

Vom allerersten Tag der Schöpfung an führte Gott das Prinzip der Scheidung ein. Er schied nicht nur das Licht von der Finsternis (1Mo 1,4) und den Tag von der Nacht (V. 14), sondern später auch die Wasser oberhalb der Wölbung von den darunter befindlichen Wassern (V. 6-8) und das Land vom Meer (V. 9-10). Durch Mose gebot Gott dem Volk Israel, von den Nationen rings umher abgesondert zu bleiben (2Mo 34,10-17; 5Mo 7,1-11). Jeglicher Verstoß gegen dieses Gebot sollte für sie Leiden mit sich bringen. Gottes Kinder müssen heute in ihrem praktischen Verhalten aufpassen (Ps 1,1) und dürfen sich nicht von der Welt verunreinigen lassen (Röm 12,1-2; Jak 1,27; 4,4; 1Jo 2,15-17).

Weil Gott der Schöpfer ist, hat er das Recht, Dinge nach seinem Belieben zu benennen. So haben wir »Tag« und »Nacht«. Das Wort »Tag« kann sich auf den Zeitabschnitt beziehen, in dem die Sonne sichtbar ist, sowie auf den gesamten Zeitraum von 24 Stunden, der sich aus *»Abend und … Morgen«* zusammensetzt (1Mo 1,5).[8] Manchmal gebrauchten Schreiber der Bibel das Wort »Tag«, um einen längeren Zeitraum zu bezeichnen, in dem Gott einen speziellen Vorsatz verwirklicht, wie z.B. im Blick auf *»den Tag des HERRN«* (vgl. Jes 2,2) oder *»den Tag des Gerichts«* (Mt 10,15).

Wenn wir über geistliche Dinge reden, ist es wichtig, dass wir Gottes Wörterbuch sowie sein Vokabular verwenden. Jedes Wort hat eine Bedeutung. Wer daher ein Wort in seiner Bedeutung verfälscht, kann in ernsthafte Schwierigkeiten kommen. Es hätte für einen Patienten tödliche Folgen, wenn ein Arzt »Arsen« mit »Aspirin« verwechseln würde. Darum achten Angehörige des Gesundheitswesens sehr darauf, die genauen Fachbezeichnungen zu verwenden. Der »christliche Wortschatz« ist noch bedeutsamer, weil eine Verwechslung ewigen Tod nach sich ziehen könnte. Die Bibel erklärt und veranschaulicht Wörter wie Sünde, Gnade, Vergebung, Rechtfertigung und Glauben. Wer ihre Bedeutungen verändert, ersetzt Gottes Wahrheit durch Lügen. *»Wehe denen, die das Böse gut nennen und das Gute böse; die Finsternis zu Licht machen und Licht zu Finsternis; die Bitteres zu Süßem machen und Süßes zu Bitterem«* (Jes 5,20).

Zweiter Tag (V. 6-8). Gott setzte eine Ausdehnung zwischen die oberen Wasser sowie die unteren Wasser und bereitete den »Himmel« – denjenigen Bereich, den wir als »Atmosphäre« kennen. Es hat den Anschein, als bildeten diese Wasser eine wasserdampfartige »Hülle«, womit die Urschöpfung bedeckt wurde. Als sie von der Landmasse geschieden wurden, bildeten die unteren Wasser schließlich Ozeane und Meere, während die oberen Wasser bei der Sintflut zur Zeit Noahs eine Rolle spielten (1Mo 7,11-12; 9,11-15).

Das mit »Wölbung« (Ausdehnung) übersetzte Wort bedeutet »aushämmern«. In der Schrift wird manchmal vom Himmel als von einem *»Himmelsgewölbe«* oder einer *»Feste«* gesprochen. Nirgendwo stützt die Schrift jedoch die mythologische Vorstellung der Heiden, wonach der Himmel eine Art feste Überdeckung der Erde ist. Die Himmelskörper wurden in diese Ausdehnung (Atmosphäre), den Lebensraum der Vögel (Kap. 1,20), gesetzt (V. 14-17).

Dritter Tag (V. 9-13). Gott sammelte die Wasser und ließ das Trockene hervorkommen. Auf diese Weise bereitete er »Erde« und »Meere«. Israels heidnische Nachbarvölker glaubten allen möglichen Mythen bezüglich der Entstehung der Himmel, der Erde und der Meere, doch Mose verdeutlichte, dass »Elohim«, der eine wahre Gott, der Herr aller Bereiche war. Zum zweiten Mal sagte Gott, dass sein Werk *»gut«* (V. 10) war. Gottes Schöpfung ist noch immer gut, selbst wenn sie wegen der Sünde in Geburtswehen liegt (Röm 8,20-22) und von sündigen Menschen verwüstet und ausgebeutet worden ist.

Gott ließ auch das pflanzliche Leben auf der Erde sichtbar werden – die Gräser, die Kräuter, die Samen hervorbringen, und die fruchttragenden Bäume. Nach Gottes Willen sollte sich jede Lebensform *»nach ihrer Art«* vermehren. Dies trägt zur Aufrechterhaltung der Ordnung in der Natur bei. Gott hat Grenzen festgelegt, innerhalb derer sich sowohl Pflanzen als auch Tiere vermehren können (1Mo 1,21). Er ist schließlich der Herr der Schöpfung. An keiner Stelle wird hier irgendeine Art von »Evolution« angedeutet. Gott bereitete die Erde als Lebensraum für Menschen und Tiere, wobei die Pflanzen ihnen als Nahrungsgrundlage dienen sollten. Zum dritten Mal sagte Gott, dass sein Werk gut war (V. 12).

3. Gott füllt (1Mo 1,14-27; 2,7)

Gott hat bisher drei spezielle »Räume« erschaffen: das Land, die Meere und die Ausdehnung des Himmels. Während der nächsten drei Schöpfungstage füllt er nun diese Räume.

Vierter Tag (V. 14-19). An die Wölbung des Himmels setzte Gott die Himmelskörper und wies ihnen ihre Funktion zu: Sie sollten den Tag von der Nacht scheiden und als »Zeichen« dienen, um Tage, Jahre und Jahreszeiten bestimmen zu können. Zwar war das Licht schon am ersten Tag sichtbar geworden, doch jetzt wurde es in diesen »Himmelskörpern« konzentriert sichtbar.

Weil sie gottesdienstliche Anlässe einhalten sollten, mussten die Juden die Zeiten und Zeitpunkte kennen, um bestimmen zu können, wann der Sabbat anbrach und endete, wann Neumond war und wann die Zeit gekommen war, ihre jährlichen Feste zu feiern (3Mo 23). Vor der Einführung der Uhr und des Kompasses war alles, was die Menschen taten, eng mit den Kreisläufen in der Natur verbunden, wobei Seefahrer auf die Sterne als Orientierungshilfe angewiesen waren. Israel brauchte die Himmelskörper, um sich in seinen gottesdienstlichen Aktivitäten danach richten zu können, und Gott benutzte gelegentlich Zeichen am Himmel, um zu seinem irdischen Volk zu reden.[9]

Den Israeliten wurde geboten, ihre heidnischen Nachbarvölker als Verehrer der Himmelskörper nicht nachzuahmen (2Mo 20,1-6; 5Mo 4,15-19; 17,2-7). Sie sollten vielmehr den wahren Gott anbeten, der »die himmlische Heerschar«, die Menge der Himmelskörper, erschaffen hatte, die auf sein Geheiß ihre Bahnen zogen. Die Juden missachteten jedoch Gottes Gebot (Jer 8,2; 19,13; Hes 8,16; Zeph 1,4-6) und kamen wegen ihrer Sünden in großes Leid.

Die antiken Völker waren vom Mond und den Sternen sowie den Bewegungen der Sonne und der Planeten fasziniert. Von ihrer Bewunderung bis zu ihrer Verehrung war es nur ein kleiner Schritt. Ralph Waldo Emerson (A.d.Ü.: US-amerikanischer Philosoph und Dichter, der von 1803 bis 1882 lebte) schrieb: »Wie hätten Menschen die Erinnerung an eine ihnen gezeigte Wohnstätte Gottes – für die sie den Sternenhimmel hielten – bewahren, verehren und über viele Generationen hinweg weitergeben sollen, wenn dieser nur einmal in tausend Jahren zum Vorschein gekommen wäre ...«[10]

Fünfter Tag (V. 20-23). Nachdem Gott den Luftraum (Himmel) und die Wasser erschaffen hatte, füllte er sie jetzt mit allen Arten von Lebewesen. Er machte Vögel, denen er den Luftraum als Lebensraum gab, und Wassertiere, deren Reich die Meere sind. *»Wie zahlreich sind deine Werke, o HERR! Du hast sie alle mit Weisheit gemacht, die Erde ist voll deines Eigentums. Da ist das Meer, groß und ausgedehnt nach allen Seiten. Dort ist ein Gewimmel ohne Zahl: Tiere klein und groß«* (Ps 104,24-25).

Ein neues Element wird an diesem Tag Gottes Werk hinzugefügt: Er bezeichnete sein Werk nicht nur als *»gut«*, sondern segnete auch die von ihm erschaffenen Geschöpfe. An dieser Stelle wird das Wort »segnen« erstmalig in der Bibel gebraucht. Aufgrund des Segens Gottes konnten sich die Wassertiere und Vögel reichlich vermehren und all das genießen, was er für sie erschaffen hatte. Gott segnete auch das erste Menschenpaar (1Mo 1,28; 5,2), den Sabbattag (Kap. 2,3) sowie Noah und seine Angehörigen (Kap. 9,1). Nach der Schöpfung gab es einen überaus wichtigen Anlass, bei dem Gott segnete: In seiner Gnade schloss er mit Abraham und seinen Nachkommen einen Bund (1Mo 12,1-3). Dieser Segen erstreckt sich bis auf das heutige Gottesvolk (Gal 3,1-9).

Sechster Tag (V. 24-31; 2,7). Gott hatte den Himmel erschaffen und ihn mit Himmelskörpern sowie Vögeln gefüllt. Er hatte die Meere erschaffen und die Fluten mit verschiedenen Wassertieren gefüllt. Nun erreicht die Schöpfung ihren Höhepunkt, als er am sechsten Tag das Trockene mit allen Arten der Landtiere füllte und dann den ersten Menschen erschuf, der zusammen mit seiner Frau über die Erde und seine Geschöpfe herrschen sollte.

Wie der erste Mensch wurden die Tiere aus Staub vom Erdboden gebildet (2,7). Das ist die Ursache dafür, dass sowohl menschliche als auch tierische Körper nach dem Tod zum Staub zurückkehren (Pred 3,19-20). Es gibt jedoch Unterschiede zwischen Menschen und Tieren. Ungeachtet dessen, welch intelligenten Eindruck manche Tiere auch erwecken mögen oder wieviel ihnen beigebracht wird – Tiere besitzen im Gegensatz zu Menschen nicht das Geschenk der »Gottesebenbildlichkeit«.[11]

Die Erschaffung des ersten Menschen wird als ein ganz besonderes Geschehen dargestellt, denn vor diesem Ereignis findet eine »Beratung« statt. Die Worte *»Lasst uns Menschen machen in unserm Bild«* klingen so, als hätten die Personen der Gottheit miteinander beratschlagt und einen Beschluss gefasst.[12] Gott kann nicht mit den Engeln über seine Pläne gesprochen haben, weil Engel nicht im Bild Gottes (»unser Bild«) erschaffen worden sind und nichts mit der Erschaffung Adams zu tun hatten.

»Der HERR (bildete) *den Menschen, aus Staub vom Erdboden und hauchte in seine Nase Atem des Lebens; so wurde der Mensch eine lebende Seele«* (1Mo 2,7). Das Verb *»bildete«* lässt an einen Töpfer denken, in dessen geschickten Händen ein Kunstwerk entsteht. Der menschliche Körper ist in der Tat ein Kunstwerk, ein erstaunlich komplexer Organismus. Nur die Weisheit Gottes konnte seinen Bauplan entwerfen, nur die Macht Gottes ihn erschaffen.

Das, woraus Adams Körper materiell gesehen bestand, stammte vom Erdboden, denn der Name »Adam« bedeutet »vom Erdboden genommen«. Das Leben, das Adam besaß, kam jedoch von Gott. Natürlich ist Gott Geist und hat keine Lungen zum Atmen. Bei dieser Aussage handelt es sich um einen von Theologen so bezeichnenten »Anthropomorphismus«, d.h. um den Gebrauch eines menschlichen Merkmals, um ein göttliches Werk oder eine göttliche Eigenschaft zu erklären.[13]

Mehrere bedeutsame Tatsachen müssen im Blick auf den Ursprung des Menschen festgestellt werden.

Erstens: *Wir wurden von Gott erschaffen.* Wir sind nicht das Produkt eines kosmischen Zufalls, noch haben wir die oberste Sprosse einer evolutionären Stufenleiter erklommen. Die Tatsache, dass uns Gott erschuf, bedeutet, dass wir Geschöpfe und völlig von ihm abhängig sind. *»Denn in ihm leben und weben und sind wir«* (Apg 17,28). In Lukas 3,38 gilt Adam als der von Gott Erschaffene.

Zweitens: *Wir wurden in Gottes Bild erschaffen* (1Mo 1,26-27). Im Gegensatz zu den Engeln und den Tieren können Menschen eine ganz persönliche Beziehung zu Gott haben. Einerseits erschuf er uns zu Persönlichkeiten, welche die Fähigkeit zum Denken, Emotionen für die Gefühlswelt und einen Willen für den Bereich der Entscheidungen haben. Andererseits befähigte er uns mittels des inneren Bereichs unseres Menschseins, des Geistes, ihn zu erkennen und anzubeten. Das Bild Gottes im Menschen ist durch Sünde verunstaltet worden (Eph 4,18-19), doch wer an Christus glaubt und den Heiligen Geist an sich arbeiten lässt, kann erleben, wie er wieder Teilhaber der göttlichen Natur wird (2Petr 1,4; Eph 4,20-24; Kol 3,9-10; Röm 12,2; 2Kor 3,18). Wenn wir eines Tages Jesus sehen, werden alle Kinder Gottes im herrlichen Bild Christi sichtbar sein (1Jo 3,1-3; Röm 8,29; 1Kor 15,49).

Drittens: *Wir wurden erschaffen, damit wir über die Erde herrschen* (V. 26.28).[14] Adam und Eva waren die Ersten, denen Gott eine Herrscherstellung über seine Schöpfung einräumte (Ps 8,7-9). *»Die Himmel sind die Himmel des HERRN, die Erde aber hat er den Menschenkindern gegeben«* (Ps 115,16). Doch als Adam der Lüge Satans glaubte und von der verbotenen Frucht aß, verlor er seine königliche Stellung, so dass jetzt Sünde und Tod über die Erde herrschen (Röm 5,12-21).

Als Jesus Christus, der letzte Adam (1Kor 15,45), auf die Erde kam, übte er die Herrschaft aus, die der erste Adam eingebüßt hatte. Er zeigte, dass er Vollmacht über die Fische (Lk 5,1-7; Joh 21,1-6; Mt 17,24-27), über die Vögel (Kap. 26,69-75) und die Landtiere hatte (Mk 1,13; 11,3-7). Als er am Kreuz starb, besiegte er Sünde und Tod, so dass jetzt die Gnade herrschen kann (Röm 5,21) und die Kinder Gottes durch Jesus Christus *»im Leben herrschen«* können (V. 17). Eines Tages wird Jesus als der Wiederkommende die aufgrund der Sünde Adams eingebüßte Herrschaft den Seinen zurückgeben (Hebr 2,5 ff.).

Sowohl Adam als auch die Tierwelt ernährten sich von Pflanzen. Dies blieb bis zur Sintflut so (1Mo 1,29-30; 9,1-4). Jesaja 11,7 deutet darauf hin, dass sich die Fleisch fressenden Tiere wieder vegetarisch ernähren werden, wenn Jesus Christus wiederkommt und sein irdisches Reich aufrichtet.

Viertens: *Dieser wunderbare Schöpfer verdient unsere Anbetung, unseren Lobpreis und Gehorsam.* Als Gott seine Schöpfung betrachtete, sah er, dass sie *»sehr gut«* war (1Mo 1,31). Im Gegensatz zu den Lehren einiger Religionen und Philosophien ist die Schöpfung nicht schlecht. Genauso wenig ist es eine Sünde, die uns von Gott dargereichten guten Gaben zu genießen (1Tim 6,17). David betrachtete Gottes Schöpfung und fragte: *»Was ist der Mensch, dass du sein gedenkst, und des Menschen Sohn, dass du dich um ihn kümmerst?«* (Ps 8,5). Obwohl die Erde nur ein winziger Planet ist, der in einem riesigen Kosmos seine Bahnen zieht, gilt dennoch: *»Des HERRN ist die Erde«* (Ps 24,1). Gerade zu den Bewohnern dieses Planeten wollte er kommen, um sie zu erlösen!

Die himmlischen Wesen vor Gottes Thron preisen ihn wegen seiner Schöpfung und sollten uns darin Vorbild sein: *»Du bist würdig, unser Herr und Gott, die Herrlichkeit und die Ehre und die Macht zu nehmen, denn du hast alle Dinge erschaffen, und deines Willens wegen waren sie und sind sie erschaffen worden«* (Offb 4,11). Wir neigen uns zu Tisch, um ihm für das Essen zu danken, das er bereitet hat. Wir betrachten Sonnenschein und Regen als seine unverdienten Gaben, und wir beobachten den Lauf der Jahreszeiten. Bei alledem sollten wir unsere Herzen zum Schöpfer erheben, indem wir ihn für seine Treue und Freigebigkeit preisen.

Schließlich *müssen wir gute Verwalter der Schöpfung sein.* Dies bedeutet, dass wir unsere Mitmenschen achten sollen, die ebenfalls im Bild Gottes erschaffen wurden (1Mo 9,6). Es bedeutet, dass wir die uns schöpfungsmäßig geschenkten Gaben schätzen, statt sie zu vergeuden oder Raubbau mit ihnen zu treiben. Wir werden auf diese Fragen bei weiteren Studien noch ausführlicher eingehen, doch bereits hier sei erwähnt, dass wir nicht den Gott der Schöpfung ehren können, wenn wir seine Schöpfung missbrauchen. Wir müssen die Schöpfung als Gabe annehmen, sie als kostbaren Besitz schützen und zur Ehre Gottes einsetzen. Manfred von Glehn hat dies folgendermaßen so wunderbar ausgedrückt:

Du großer Gott, wenn ich die Welt betrachte,
die du geschaffen durch dein Allmachtswort,
wenn ich auf alle jene Wesen achte,
die du regierst und nährest fort und fort:
Dann jauchzt mein Herz, dir großer Herrscher, zu:
Wie groß bist du! Wie groß bist du!

»Der HERR ist gut gegen alle, sein Erbarmen ist über alle seine Werke« (Ps 145,9).

DREI

1. Mose 2

Das Wichtigste zuerst

Wenn Sie Augenzeuge irgendeines Ereignisses in der biblischen Geschichte hätten sein können, welches Geschehen würden Sie sich aussuchen?

Ich habe diese Frage einmal mehreren bekannten führenden christlichen Persönlichkeiten gestellt. Die Antworten fielen unterschiedlich aus: die Kreuzigung Christi, die Auferstehung Christi, die Sintflut, Israels Durchzug durch das Rote Meer und sogar die Szene, in der David Goliat tötet. Doch einer von ihnen sagte: »Ich wäre gern dabei gewesen, als Gott seine Schöpfung vollendete. Dies muss eine ehrfurchtgebietende Szene gewesen sein!«

Einige Wissenschaftler behaupten, dass wir die Lichtstrahlen der Vergangenheit »einholen« und die Geschichte vor unseren Augen ablaufen lassen könnten, wenn wir im Weltraum schnell genug und weit genug fliegen würden. Vielleicht ermöglicht uns der Herr etwas Derartiges, wenn wir in den Himmel kommen. Ich hoffe es, denn ich würde gern die außerordentlichen Ereignisse sehen, die Mose in 1. Mose 1 und 2 beschrieben hat.

1. Mose 2 stellt uns eine Reihe von »Premieren« vor, die wichtig für uns sind, wenn wir unser Leben nach den Grundsätzen gestalten wollen, die Gott in sein Universum hineingelegt hat.

1. Der erste Sabbat (1Mo 2,1-3)

Obwohl das Wort »Sabbat« in diesem Abschnitt nicht vorkommt, schreibt Mose hier genau darüber – über den Sabbat, den siebten Tag der Woche. Die Wendung *»siebter Tag«* wird in Vers 2-3 dreimal erwähnt. »Sabbat« leitet sich von einem hebräischen Wort (*Schabbat*) mit der Bedeutung »aufhören zu arbeiten«, »ruhen« ab und ist mit dem hebräischen Wort für »sieben« verwandt.[1] Wir müssen drei Formen des Sabbats in der Bibel unterscheiden.

Der Sabbat, an dem Gott, der HERR, ruhte (V. 1-4). Dieser erste Sabbat war nicht etwa die Folge davon, dass Gott von seinem ganzen Schöpfungswerk müde geworden wäre, denn für Gott gilt: Er ermüdet nicht (Jes 40,28). Gott sonderte vielmehr den siebten Tag aus, weil sein Schöpfungswerk beendet war und er Freude und volle Genüge an dem fand, was er erschaffen hatte. *»Und Gott sah alles, was er gemacht hatte, und siehe, es war sehr gut«* (1Mo 1,31).

Für diesen siebten Tag der Schöpfungsperiode ist dreierlei charakteristisch. Erstens fehlt die Wendung *»Abend … und Morgen«*. Dies deutet darauf hin, dass Gottes Sabbatruhe kein Ende haben wird. Leider wurde Gottes Ruhe durch die Sünde des Menschen gestört. Gott musste Adam und Eva suchen und sie zur Rechenschaft ziehen (Kap. 3,8-9; siehe auch Joh 5,9.17). Zweitens gibt es keinen Bericht darüber, dass er irgendeinen der anderen sechs Tage segnete. Anders im Blick auf den siebten Tag (1Mo 2,3). Indem er ihn segnete, ließ er ihn zu einem Segen werden. Drittens heiligte Gott den siebten Tag, nachdem er ihn gesegnet hatte (V. 3). Dies bedeutet, dass er ihn hinsichtlich seiner besonderen Absichten aussonderte.[2]

Jahwe ist der Gott der Zeit sowie der Herr der Ewigkeit. Er war es, der die Zeit erschuf und die Rotation der Planeten sowie ihre Umlaufbahnen um die Sonne festlegte. Er war es, der die Sieben-Tage-Woche vorsah und einen Tag für sich aussonderte. Alle von Gott erschaffenen Lebewesen nehmen jeden Tag wie er kommt – mit Ausnahme des in Gottes Bild erschaffenen Menschen! Das Leben der Menschen besteht aus einer erbarmungslosen Hetzerei, wobei sie stets Ruhepausen einlegen wollen, aber wohl nie ihre Absicht verwirklichen.

Es hat einmal jemand gesagt, dass die meisten Menschen unserer Welt »zwischen zwei Übeltätern gekreuzigt« sind. Sie trauern »dem Gestern« nach, während sie sich gleichzeitig um den nächsten Tag sorgen. Darum können sie »das Heute« nicht genießen. Indem wir uns auf moderne Verkehrs- und Kommunikationsmittel verlassen, versuchen wir, zwei oder drei Tage in 24 Stunden hineinzupacken, was dem Schöpfungsrhythmus des Universums völlig zuwider ist. Die Ergebnisse, die wir auf schmerzhafte Weise spüren, sind oft verheerend.

Ein berühmter chinesischer Gelehrter kam in die USA, um Vorlesungen zu halten. Im Verlauf seiner Vortragsreise wurde er einmal auf einem viel befahrenen großstädtischen Bahnhof von seinem Gastgeber, einem Universitätskollegen, abgeholt. »Wenn wir schnell laufen, können wir den nächsten Zug noch erreichen und dadurch drei Minuten einsparen«, sagte sein Gastgeber. Die Gelehrte antwortete ruhig: »Und inwiefern ist die Einsparung von drei Minuten für das, was wir tun, von Bedeutung?« Eine gute Frage, auf die es keine Antwort gab. Henry David Thoreau schrieb vor über einem Jahrhundert in *Walden* (A.d.Ü.: Buch dieses Autors, das seine zweijährigen Erfahrungen als Einsiedler beschreibt): »Die Masse der Menschen führt ein Leben in stiller Verzweiflung.« Ich frage mich, was er sagen würde, wenn er die hektischen Menschen sähe, die in den Abfertigungshallen unserer Flughäfen die Rolltreppen hinauf- und hinunterhasten!

Gott hatte während der sechs Schöpfungstage viele wunderbare Dinge getan, doch der Höhepunkt der Schöpfungsperiode war Gottes »Ruhe«, nachdem sein Werk vollendet war. Wir werden sehen, dass Gott die Arbeit genauso gesegnet hat wie die Ruhe, doch es scheint die Ruhe zu sein, die den Herzen der heutigen Menschen am meisten fehlt. Augustin hatte recht, als er schrieb: »Du, Herr, hast uns geschaffen mit der Sehnsucht nach dir, und unser Herz ist ruhelos, bis es Ruhe findet in dir.«

Der Sabbat für Israel als Volk. Der Sabbat als solcher wird in der Schrift erstmals in 2. Mose 16,23 erwähnt, als Gott Israel die Vorschriften bezüglich der Einsammlung des täglichen Manna gab. Die Art und Weise, wie dieses Gebot formuliert ist, lässt darauf schließen, dass die Israeliten bereits die Bedeutung des Sabbats kannten und ihn als Ruhetag einhielten. Indem er Israel den Sabbat gab, brachte der Herr diesen speziellen Tag mit anderen Ereignissen in der Geschichte des Gottesvolkes in Verbindung.

Erstens wurde die Beziehung des Sabbats zur Schöpfung deutlich, als Gott Israel am Berg Sinai das Gesetz gab (2Mo 20,8-11). Gott war der großzügige Geber all dessen, was sie brauchten, wobei sie ihn anerkennen mussten, indem sie ihn, den Schöpfer, und nicht die Schöpfung anbeteten. Sie sollten nicht die heidnischen Nachbarvölker ringsumher nachahmen (Röm 1,18 ff.). Mose erwähnte sogar die wöchentliche Ruhe, die Knechten und Nutztieren zugedacht war (2Mo 23,12). Daher umfasste die Einhaltung des Sabbats sowohl eine humanitäre Geste als auch eine gottesdienstliche Pflicht. Der Herr gebot seinem Volk, jedes siebte Jahr als Sabbatjahr und jedes fünfzigste Jahr als Jobeljahr zu begehen. Aufgrund dessen würde das Land seine Sabbate feiern können und die Voraussetzung für erneute Fruchtbarkeit geschaffen werden (3Mo 25).

Der Sabbat war nicht nur mit der Schöpfung verbunden. Vielmehr wurde ihm am Ende der Gesetzgebung eine spezielle Bedeutung *als Zeichen zwischen Israel und Jahwe* zugedacht (2Mo 31,12-17; Neh 9,13-15). *»Haltet nur ja meine Sabbate! Denn sie sind ein Zeichen zwischen mir und euch für all eure Generationen, damit man erkenne, dass ich, der HERR, es bin, der euch heiligt«* (2Mo 31,13). Es gibt keinen Beweis dafür, dass Gott von irgendeiner anderen Nation je die Einhaltung des Sabbats verlangte, weil nur die Israeliten das auserwählte Volk Gottes waren.

Es besteht eine dritte Verbindung zwischen dem Sabbat und den Israeliten. Als Mose kurz vor der Einnahme Kanaans den Angehörigen der neuen Generation das Gesetz einschärfte, verband er den Sabbattag *mit ihrer Errettung aus Ägypten* (5Mo 5,12-15). Sowohl der wöchentliche Sabbat als auch das jährliche Passahfest würden Israel an Gottes Gnade und Macht bei der Befreiung des Volkes aus der Sklaverei erinnern. Außerdem sollte dieser wöchentliche Ruhetag auch ein Vorgeschmack der Ruhe sein, die sie im Gelobten Land genießen würden (5Mo 3,20; 12,10; 25,19; Jos 22,4). Gott hatte sie aus Ägypten herausgeführt, um sie in das Gelobte Land, das ihnen verheißene Erbteil, zu bringen (5Mo 4,37-38). Im Hebräerbrief wird dieser Grundgedanke einer »verheißenen Ruhe« auf die Gläubigen heute angewandt.

Die Israeliten sanken schließlich geistlich immer tiefer, ohne Gottes Gesetze einschließlich des Sabbatgebots einzuhalten. Daher wurden sie letztendlich wegen ihres Ungehorsams bestraft (2Chr 36,14-21; Hes 20,1 ff.; Jes 58,13-14; Jer 17,19-27). Israel, das Nordreich, wurde von Assyrien vernichtet, während Juda, das Südreich, von den Babyloniern in die Gefangenschaft geführt wurde.

Bis zu der Zeit, da Jesus öffentlich auftrat, hatten die Schriftgelehrten und Pharisäer ihre Traditionen dem Wort Gottes hinzugefügt, und verwandelten das Gesetz im Allgemeinen und den Sabbat im Besonderen in religiöse Sklaverei. Die wenigen in den Mosebüchern vorkommenden Verbote (2Mo 16,29; 35,2-3; 4Mo 15,32-36) wurden zu einem Katalog zahlreicher Vorschriften ausgeweitet. Jesus lehnte ihre Traditionen jedoch ab und vollbrachte sogar am Sabbat Wunder! Er sagte: *»Der Sabbat ist um des Menschen willen geschaffen worden und nicht der Mensch um des Sabbats willen«* (Mk 2,27).

Der geistliche Sabbat für den gläubigen Christen (Hebr 4,1-11). Hebräer 4 sieht den Zusammenhang zwischen Gottes Schöpfungsruhe (V. 4) und Israels Ruhe nach der Landeinnahme (V. 8), um uns Lektionen bezüglich der geistlichen Ruhe zu vermitteln, die Gläubige in Christus haben (V. 9-11). Wenn Sie Jesus Christus vertrauen, bekommen Sie Anteil an der *»neuen Schöpfung«* (2Kor 5,17) und an seiner geistlichen Ruhe (Mt 11,28-30). Sie dürfen sich dann auch über das geistliche Erbe freuen, das er all denen gibt, die ihm vertrauen (Apg 20,32; Eph 1,18; Kol 1,12). Gläubige stehen nicht unter dem Zwang, das Gesetz halten zu müssen (Gal 5,1), weil der Heilige Geist die Rechtsforderung des Gesetzes in uns erfüllt, wenn wir uns ihm beugen (Röm 8,1-3).

Die ersten gläubigen Christen kamen täglich zum Gottesdienst und zur Pflege der Gemeinschaft zusammen (Apg 2,46), doch sie versammelten sich auch am ersten Tag der Woche, dem Tag der Auferstehung Christi von den Toten (Joh 20,19.26; Apg 20,7; 1Kor 16,2). Der erste Tag war als der Tag des Herrn bekannt (vgl. Offb 1,10). Wer den Tag des Herrn zu einem »christlichen Sabbat« macht, verwechselt die Sachverhalte, wofür diese beiden Tage in Gottes Heilsplan stehen.

Der siebte Tag der Woche, der jüdische Sabbat, versinnbildlicht die alte Schöpfung und den Bund des Gesetzes: Erst die Arbeit, dann die Ruhe. Der erste Tag der Woche, der Tag des Herrn, symbolisiert die Neue Schöpfung und den Bund der Gnade: Erst Glaube an Christus, der Ruhe schenkt, und dann Wirken für ihn (Eph 2,8-10). In der Neuen Schöpfung ermöglicht uns Gottes Geist die Erfahrung, dass die gesamte Woche zu einer Zeit der Anbetung, des Lobpreises und des Dienstes zur Ehre Gottes werden kann.

Das jüdische Sabbatgebot wurde durch Christus am Kreuz erfüllt und ist für das Volk Gottes nicht länger verbindlich (Gal 4,1-11; Kol 2,16-17). Es kann jedoch sein, dass es einige Gläubige vorziehen, den Sabbattag *»als dem Herrn«* in Ehren zu halten. Christen sollen in dieser

Angelegenheit einander nicht richten oder verurteilen. Wenn angesehene und tiefgläubige Menschen in Gewissensfragen unterschiedlicher Meinung sind, müssen sie sich von Liebe sowie gegenseitiger Anerkennung leiten lassen und einander Freiheit zugestehen (Röm 14,1 – 15,7). *»So richte euch nun niemand wegen Speise oder Trank* [d.h. wegen der Speisevorschriften] *oder betreffs eines Festes oder Neumondes* [d.h. bezüglich der jüdischen Feste] *oder Sabbats«* (Kol 2,16).

2. Der erste Lebensraum (1Mo 2,4-14)

Einige Gelehrte haben behauptet, dass dieser Abschnitt aus 1. Mose 2 einen zweiten Schöpfungsbericht beinhaltet, den ein anderer Autor geschrieben habe. Seine Botschaft widerspreche dem, was in Kapitel 1 vorkommt. Diese Theorie wird heute nicht mehr allgemein befürwortet, denn es wird deutlich, dass Mose in diesen Versen den gleichen Schöpfungsbericht wiedergibt, ihm aber Einzelheiten anfügt, die wir wissen müssen, um die später stattfindenden Ereignisse zu verstehen. 1. Mose 2,4 umfasst die erste von elf Aussagen zu den »Geschlechterfolgen«, die den fortschreitenden Verlauf der von Mose in diesem Buch dargelegten Handlung kennzeichnen (siehe Kapitel 1, Abschnitt 2).

Adam, der arbeitende Mensch. Indem er auf den dritten Tag zurückblickte (Kap. 1,9-13), teilte Mose mit, wie Gott die Vegetation hervorgebracht hatte und einen »Dunst« entstehen ließ, der die Pflanzen bewässerte. Regen wird dagegen im ersten Buch Mose erst zur Zeit der Sintflut erwähnt. Es ist interessant, dass Gott jemanden brauchte, der den Erdboden bebauen und bei der Erzeugung der erforderlichen Nahrungsmittel mithelfen sollte. Menschen sind Verwalter der Schöpfungsgaben Gottes und sollten seine Gaben gemäß seinem Gebot einsetzen. Gott und Mensch arbeiten zusammen, denn Gott setzte Adam in den Garten, um den göttlichen Auftrag erfüllen zu können: Er sollte den Erdboden bebauen und pflegen (V. 15).

Ein Ruheständler, der in einer Stadt lebte, war es leid, ein hässliches unbebautes Grundstück zu sehen, wenn er täglich spazieren ging. Daher bat er den Eigentümer um die Erlaubnis, dort einen Garten anlegen zu dürfen. Es nahm Tage in Anspruch, um den aufgehäuften Müll abzutransportieren. Die Bereitung des Bodens dauerte noch länger, doch der Mann arbeitete unverdrossen. Im nächsten Jahr war die Parzelle ein Ort pulsierenden Lebens und eine Augenweide, von der jeder Notiz nahm.

»Gott hat Ihnen zweifellos ein schönes Grundstück gegeben«, sagte ein Besucher, als er die Blumen und die Gartengestaltung bewunderte.

»Jawohl«, erwiderte der emsige Gärtner, »doch Sie hätten dieses Grundstück sehen sollen, als es Gott noch ganz allein gehörte!«

Die Antwort zeugte von Klugheit und ließ überhaupt keine Unehrerbietigkeit erkennen. Der gleiche Gott, der das Endergebnis – einen schönen Garten – bestimmt, legt auch fest, wie es erreicht werden kann – durch das Werk eines Geschöpfs. Schließlich *»ist auch der Glaube ohne Werke tot«* (Jak 2,26). Nichts kann die Arbeit des Gärtners ersetzen, der den Boden pflügt, den Samen aussät, die Pflanzen bewässert und das Unkraut jätet – und sei es noch so viel Gebet oder Bibelstudium. *»Denn Gottes Mitarbeiter sind wir«* (1Kor 3,9).

Arbeit ist kein Fluch, sondern vielmehr eine Gelegenheit, unsere Fähigkeiten und Möglichkeiten einzusetzen, indem wir für Gott arbeiten und treue Verwalter seiner Schöpfung sind. Nachdem der Mensch gesündigt hatte, wurde die Arbeit erschwert (3Mo 3,17-19), doch das war nicht Gottes ursprüngliche Absicht. Wir alle haben unterschiedliche Fähigkeiten und Möglichkeiten, wobei wir herausfinden müssen, was wir nach Gottes Willen mit unserem Leben in dieser Welt zum Nutzen anderer und zu seiner Ehre tun sollen. Eines Tages möchten wir vor Gott stehen und wie Jesus sagen können: *»Ich habe dich verherrlicht auf der Erde; das Werk habe ich vollbracht, das du mir gegeben hast, dass ich es tun sollte«* (Joh 17,4).

Adam, das verantwortliche Wesen. Gott pflanzte seinen Garten *»in Eden gegen Osten hin«* (1Mo 2,8; Luther '56 und '84). Eden bedeutet entweder »Wonne« oder »gut bewässerter Ort« und lässt erkennen, dass dieser Garten ein Paradies aus Gottes Hand war. Die biblische Geschichte beginnt mit einem schönen »Garten der Wonne«, in dem der Mensch sündigte, doch sie endet mit einer herrlichen »Gartenstadt der Wonne« (Offb 21 – 22), worin es keine Sünde geben wird. Wodurch wurde diese Veränderung herbeigeführt? Durch einen zweiten Garten, Gethsemane, wo sich Jesus dem Willen des Vaters auslieferte und anschließend aufmachte, um an einem Kreuz für die Sünden der Welt zu sterben.

Wir haben keine Informationen über den Fluss Pischon oder den Gihon, und obwohl der Tigris (Hiddekel) sowie Euphrat uns bekannt sind, besitzen wir nicht genügend Angaben, um die genaue Lage des Gartens Eden zu bestimmen. Wo sich das Land Hawila befand, ist ebenso ungewiss: Einige lokalisieren es in Armenien, andere in Mesopotamien. In der *King-James-Bibel* wird Kusch als »Äthiopien« bezeichnet, doch diese Auslegung wird heute nicht mehr allgemein akzeptiert. Glücklicherweise brauchen wir nicht die antike Geographie zu beherrschen, um die geistlichen Lektionen dieser Anfangskapitel des ersten Buches Mose verstehen zu können.

In diesem schönen Garten hatte Gott für alles gesorgt und alles wunderbar gestaltet. Adam und Eva konnten sich satt essen und über Gottes herrliches Werk freuen. Da Sünde noch nicht in den Garten gekommen war, wurde ihr Glück durch nichts getrübt.

3. Der erste Bund (1Mo 2,16-17)

Ein Bund ist eine verbindliche Vereinbarung zwischen zwei oder mehreren Parteien, die deren Beziehung zueinander regelt.[3] Das Wort »Gebot« wird an dieser Stelle eingeführt, weil Gott letztlich die Bestimmungen der Vereinbarung festlegt. Gott ist der Schöpfer, der Mensch dagegen das Geschöpf, ein »dem König verantwortliches Wesen« in Gottes wunderbarer Welt. Daher hat Gott das Recht, dem Menschen mitzuteilen, was er tun darf und was nicht. Gott fragte Adam nicht um Rat, sondern gab ihm einfach sein Gebot.

Gott hatte Adam in eine hohe Ehren- und Vorrechtsstellung gebracht, indem er ihn zu seinem Stellvertreter auf Erden gemacht hatte (Kap. 1,28). Wer Vorrechte hat, ist jedoch stets auch verantwortlich. Das gleiche göttliche Wort, womit das Universum ins Dasein gerufen wurde, bringt auch Gottes Liebe und seinen Willen gegenüber Adam und Eva sowie ihren Nachkommen zum Ausdruck (Ps 33,11). Wenn sie diesem Wort gegenüber gehorsam wären, würden ihnen Gottes Gemeinschaft und Anerkennung stets sicher sein. Alle Gebote Gottes sind grundsätzlich gut und bringen denen, die sie befolgen, Segen (Ps 119,39; Spr 6,20-23). »*Und seine Gebote sind nicht schwer*« (1Jo 5,3).

Gott setzte zwei besondere Bäume in die Mitte des Gartens: den Baum des Lebens und den Baum der Erkenntnis des Guten und Bösen (1Mo 2,9.17; 3,3.22.24). Hätten sie vom Baum des Lebens gegessen, wären sie unsterblich geworden (Kap. 3,22). Wer dagegen vom zweiten Baum aß, würde eine auf Erfahrung beruhende Erkenntnis des Guten und Bösen gewinnen, aber auch ein Todeskandidat werden (Kap. 2,17).[4] Da sie Böses nie aus Erfahrung kennen gelernt hatten, waren Adam und Eva wie arglose Kinder (5Mo 1,39; Jes 7,15-16). Als sie Gott ungehorsam waren, wurden sie wie er, indem sie Gutes und Böses unterscheiden konnten. Doch damit hörten die Ähnlichkeiten schon auf, weil sie ihre Sündlosigkeit verloren hatten und schließlich starben.

Aber warum musste Gott Adam und Eva auf die Probe stellen? Es mag viele Antworten auf diese Frage geben, doch eines ist sicher: Gott wollte Menschen, die ihn aus freien Stücken lieben und ihm bereitwillig gehorchen, statt programmierte Wesen wie Roboter zu sein, die einfach Befehle ausführen. In gewisser Hinsicht »ging Gott ein Risiko ein«, als er Adam und Eva in seinem Bild erschuf und ihnen das Vorrecht gewährte, wählen zu können, doch auf diese Art und Weise sollten sie nach seinem Willen Freiheit und Gehorsam kennenlernen. Eine der grundlegenden Lebenswahrheiten besteht darin, dass Gehorsam Segen und Ungehorsam Gericht mit sich bringt.

4. Die erste Ehe (1Mo 2,19-25)

Am Ende des sechsten Schöpfungstages hatte sich Gott alles Erschaffene angesehen und es als »*sehr gut*« befunden (1,31). Doch jetzt sagt Gott, dass es etwas in seiner wunderbaren Welt gibt, das nicht gut ist: die Tatsache, dass der Mensch allein ist. Ja, im hebräischen Text steht die Wendung »nicht gut« sogar am Anfang der göttlichen Feststellung in Kapitel 2,18.

Was war im Blick auf die Einsamkeit des Menschen »nicht gut«? Immerhin konnte Adam Gemeinschaft mit Gott haben, die Schönheit des Gartens genießen und von seinen Früchten essen, seine tägliche

Arbeit verrichten und sich sogar mit den Tieren vergnügen. Was wollte er noch mehr? Gott wusste, was Adam brauchte: *»eine Hilfe … die ihm entspricht«* (V. 18). Da sich unter den Tieren keine solche Hilfe fand, schuf Gott die erste Frau und führte sie dem Menschen als Gattin, Gefährtin und Gehilfin zu. Sie war Gottes spezielles Liebesgeschenk an Adam (Kap. 3,12).

Die Würde der Frau (V. 18-22). Die Frau stellte keineswegs ein »minderwertiges Geschöpf« dar. Der gleiche Gott, der Adam gemacht hatte, bildete auch Eva, indem er sie in seinem Bild erschuf (Kap. 1,27). Sowohl Adam als auch Eva übten die Herrschaft über die Schöpfung aus (V. 28). Adam wurde aus dem Staub gebildet, während Eva aus Adams Rippe gebildet wurde, Gebein von seinem Gebein und Fleisch und von seinem Fleisch (2,23).

Es liegt auf der Hand, dass Adam Eva brauchte. Kein einziges Tier, das Gott erschaffen hatte, konnte für Adam die Hilfe sein, die ihm Eva wurde. Sie war eine *»Hilfe … die ihm entspricht«*. Als Gott Adam die Tiere zuführte, damit er sie benennen konnte, kamen sie zweifellos paarweise zu ihm, jeweils Männchen und Weibchen. Vielleicht hat sich Adam da gefragt: »Warum habe ich keine Partnerin?«

Obwohl Eva als zu Adam passende (d.h. persönliche) Gehilfin erschaffen wurde, bedeutet dies nicht, dass sie eine Sklavin war. Der bekannte Bibelausleger Matthew Henry schrieb: »Sie wurde nicht aus seinem Haupt gebildet, als wäre sie Herrscherin über ihn, noch wurde sie aus seinen Füßen gebildet, als könne er sie tyrannisieren. Vielmehr wurde sie als seinesgleichen aus seiner Rippe gebildet – unter seinen Armen, damit er sie schütze, und nahe seinem Herzen, damit er sie liebe.« Paulus schrieb, dass die Frau *»des Mannes Abglanz«* ist, denn wenn der Mann das Haupt ist (1Kor 11,1-16; Eph 5,22-33), dann ist die Frau die Krone, die das Haupt ziert.

Die Unantastbarkeit der Ehe (V. 23-24).[5] Gottes Modell für die Ehe wurde nicht von Adam ersonnen. Vielmehr gilt, was (A.d.Ü.: in vielen Gemeinden der englischsprachigen Welt) in der traditionellen Trauzeremonie gesagt wird. »Die Ehe entstand im liebenden Herzen Gottes zum Segen und Nutzen der Menschheit.« Ungeachtet dessen, was Gerichte anordnen mögen oder die Gesellschaft erlaubt – wenn es um Ehe geht, war Gott der Erste, der diesbezüglich etwas sagte, und er behält auch das letzte Wort (Hebr 13,4; Offb 22,15). Vielleicht sieht der Herr heute auf viele im Unglauben geschlossene Ehen herab und sagt: *»Von Anfang an … ist es nicht so gewesen«* (Mt 19,8). Sein ursprünglicher Plan bestand darin, dass ein Mann und eine Frau lebenslang ein Fleisch sind.

Gott ging es um mindestens vier Absichten, als er die erste Eheschließung im Garten Eden vollzog. Da er erstens eine passende Gefährtin für Adam haben wollte, gab er ihm eine Frau. Er gab ihm kein tierisches, sondern ein menschliches Wesen, ein Geschöpf, das seinesgleichen war und ihn daher verstehen und ihm helfen konnte. Martin Luther bezeichnete die Ehe als »Übungsfeld des eigenen Wesens«. Dies trifft tatsächlich zu. Wenn zwei Menschen im heiligen Stand der Ehe zusammenleben, zeigt die Praxis sie entweder von ihrer besten oder schlimmsten Seite. Sie bildet eine Gelegenheit, Glauben, Hoffnung und Liebe einzuüben und in Opferbereitschaft sowie Dienst füreinander zur Ehre Gottes reif zu werden.

Zweitens bietet die Ehe den Rahmen, sich gottgemäß an der Sexualität freuen und Kinder haben zu können. Der Herr gebot den ersten Menschen: *»Seid fruchtbar und vermehrt euch, und füllt die Erde«* (1Mo 1,28). Die bedeutet nicht, dass geschlechtliche Liebe nur der Fortpflanzung dient. Immerhin heiraten viele Menschen jenseits des zeugungs- und gebärfähigen Alters. Das Zeugen und Gebären von Kindern ist jedoch ein wichtiger Bestandteil der ehelichen Verbindung (1Tim 5,14).[6]

Eine dritte mit der Ehe verfolgte Absicht besteht darin, Selbstbeherrschung zu fördern (1Kor 7,1-7). *»Es ist besser, zu heiraten als vor Verlangen zu brennen«* (V. 9). Eine nur auf sexueller Leidenschaft beruhende Ehe wird wahrscheinlich nicht stabil sein oder sich kaum weiterentwickeln können. Geschlechtliche Liebe sollte die Betreffenden bereichern und nicht nur aufregen. Ehepartner müssen einander achten und dürfen den anderen nicht einfach als Objekt benutzen. Die gesamte Schrift verurteilt die geschlechtliche Vereinigung außerhalb der Ehe und zeigt ihre zerstörerische Wirkung. Dies gilt auch für entsprechende sexuelle Perversionen (Röm 1,24-27). Ungeachtet dessen, was Richter oder Eheberater sagen, gilt: *»Unzüchtige und Ehebrecher wird Gott richten«* (Hebr 13,4).

Schließlich veranschaulicht die Ehe die liebevolle und innige Beziehung zwischen Christus und seiner Gemeinde (Eph 5,22-33). Paulus nannte dies »ein großes Geheimnis«, d.h. eine tiefgründige geistliche Wahrheit, die einst verborgen war, jetzt aber durch den Geist offenbart worden ist. Jesus Christus ist der letzte Adam (1Kor 15,45) und daher ein Typus des ersten Adam.

Nachdem Adam in tiefen Schlaf gefallen war, wurde aus seiner Rippe eine Frau gebildet, doch Jesus starb an einem Kreuz und vergoss sein Blut, damit er eine Braut, die Gemeinde, erwerben konnte (Joh 19,33-37). Christus liebt die Gemeinde, sorgt für sie und versucht, sie zu reinigen und sie zu seiner Ehre noch herrlicher zu machen. Eines Tages wird Christus seine Braut heimholen und sie in himmlischer Reinheit und Herrlichkeit darstellen (Jud 24; Offb 19,1-9).

Als Adam seine Frau sah, entfuhr ihm ein freudiger Ausruf (1Mo 2,23), als wollte er sagen: »Endlich habe ich eine passende Gefährtin!« Ihre Identität als »Männin« erinnert jedermann daran, dass sie vom »Mann« genommen worden war, wobei der Begriff »Mann« für immer mit dem Ausdruck »Männin« verbunden ist.[7] Sie wurde aus ihm gebildet und für ihn erschaffen, und da er sie brauchte, stand fest, dass sie stets zueinander gehören und einander in Liebe dienen würden.

Die in Vers 24-25 aufgezeichneten Worte stammen nicht von Adam. Vielmehr beinhalten sie Gottes Erklärung zu diesem Geschehen und seine Formulierung des Grundsatzes ehelicher Einheit, den Adam ausgesprochen hatte. Die Frau ist sowohl vom Ursprung her (sie wurde aus dem Mann gebildet) als auch in der Ehe mit dem Mann eins. In der geschlechtlichen Vereinigung und in ihren Kindern sind Mann und Frau *»ein Fleisch«*. Die Ehe beinhaltet eine vom Gesetz geregelte *zivilrechtliche* Beziehung und sollte auch eine *geistliche* Beziehung sowie eine *Herzens*-Beziehung sein, die vom Wort Gottes bestimmt und von der Liebe motiviert ist. Doch die Ehe ist im Grunde eine Beziehung auf körperlichem Gebiet. Mann und Frau sind nicht in erster Linie »ein Geist« oder »eine Seele« – so wichtig diese Dinge auch sind –, sondern *»ein Fleisch«*. Daher ist es so wichtig, die Herkunftsfamilie zu *»verlassen«* und seinem Partner *»anzuhängen«* (Eph 5,30-31) und eine neue Beziehung zu gestalten, die gepflegt und geschützt werden muss.

Die Wendung *»ein Fleisch«* lässt darauf schließen, dass alles, was die körperliche Vereinigung in der Ehe zerstört, auch die Ehe selbst auflösen kann. Dazu gehört der Tod, denn wenn ein Partner stirbt, ist der andere aufgrund dessen, dass der Ehebund gelöst worden ist, frei, erneut zu heiraten (Röm 7,1-3; 1Kor 7,8-9; 1Tim 5,14). In Matthäus 19,1-9 lehrt Jesus, dass auch Ehebruch den Ehebund auflösen kann. Nach dem alttestamentlichen Gesetz wurde jeder, der Ehebruch beging, zu Tode gesteinigt (5Mo 22,22-24; Joh 8,3-7). Somit stand es dem unschuldigen Partner frei, wieder zu heiraten. Dieses Gesetz wurde der neutestamentlichen Gemeinde jedoch nicht gegeben. Manche vertreten die Ansicht, dass Scheidung im Neuen Testament auf der gleichen Stufe wie Tod im Alten Testament stehe, so dass der unschuldige Partner die Freiheit hat, wieder zu heiraten. Es ist jedoch möglich, dass gegen den Ehebund gerichtete Sünden vergeben werden, wobei Ehepaare Vergebung praktizieren und einen Neuanfang im Herrn wagen können.

Wir leben in einer von Gott geschaffenen Welt und sind Geschöpfe, die in seinem Bild erschaffen sind. Als solche genießen wir die vielfältigen Segnungen aus der Hand Gottes. Wie tragisch, dass so viele Menschen Gott aus ihrem Leben ausschließen und in einer Welt ohne Liebe ziellos umherirren. Statt dessen könnten sie Kinder Gottes in der Welt ihres Vaters sein!

VIER

Exkurs

Dies ist des Vaters Welt – wirklich?

Ich muss zu meiner Schande gestehen, dass ich es während der Anfangsjahre meines Dienstes vermieden habe, mit der Gemeinde »Dies ist des Vaters Welt« in unseren Gottesdiensten zu singen. Außer einer Zeile (A.d.Ü.: »der Heiland starb am Kreuz für uns«) betont dieses Lied den Gott der Schöpfung und nicht den Gott des Heils. Mir war es jedoch ein Anliegen, dass alles in unseren Gottesdiensten »evangeliumsorientiert« ist. Außerdem war mir die Ausdrucksweise des Liedes zu sentimental, und ich fragte mich, was für ein Mensch der Dichter wohl gewesen sei. Ohne je Nachforschungen angestellt zu haben, schlussfolgerte ich, dass ein Mann namens Maltbie D. Babcock ein eingefleischter Einsiedler gewesen sein musste, der sich die langen Stunden tagtäglich damit vertrieb, aus dem Fenster zu schauen und sentimentale Lyrik zu schreiben.

Stellen Sie sich vor, wie geschockt und beschämt ich war, als ich herausfand, dass Maltbie D. Babcock (1858-1901) ein dynamischer presbyterianischer Pastor war, der sich als hervorragender Baseballwerfer und erstklassiger Schwimmer betätigte. Fast jeden Morgen joggte er 12 bis 16 km! Er sagte dann seinen Mitmenschen, dass er hinausgehe, um »seines Vaters Welt zu sehen«.

Natürlich bin ich seit dieser Zeit jugendlicher Unerfahrenheit etwas reifer geworden. Inzwischen habe ich meine Torheit bereut. Eines Tages will ich Pastor Babcock im Himmel begegnen und mich bei ihm entschuldigen. Mittlerweile habe ich erkannt, dass David den Schöpfer in seinen Psalmen zu Recht lobte und dass die verherrlichten himmlischen Wesen das einzig Richtige tun, wenn sie Gott anbeten, der sowohl Schöpfer (Offb 4) als auch Erlöser ist (Offb 5), weil beide Stellungen zusammengehören. Schöpfung und Erlösung sind Teile eines großen Plans, weil die durch Jesus am Kreuz vollbrachte Erlösung die gesamte Schöpfung frei machen wird. Eines Tages wird Gottes Schöpfung freudiger Nutznießer der *»Freiheit der Herrlichkeit der Kinder Gottes«* (Röm 8,21) sein. Halleluja!

Doch nicht alle stimmen David, Paulus und den himmlischen Anbetern zu, dass dies tatsächlich »unsers Vaters Welt« ist. In seinen *Prejudices: Third Series* schrieb der amerikanische Herausgeber und Essayist H.L. Mencken: »Das Universum ist ein gigantisches Schwungrad, das 10.000 Umdrehungen pro Minute ausführt. Der Mensch ist eine darin existierende kranke Fliege, die sich auf rasanter Fahrt befindet. Die Religion erklärt theoretisch, wie das Rad entworfen und in Schwung gesetzt wurde, um den Menschen auf seinen Bahnen mitzunehmen.« Der britische Essayist Walter Savage Landor sagte. »Insgesamt gesehen gibt es für die Existenz des Universums keine Begründung«, und der amerikanische Physiker Steven Weinberg schrieb: »Je mehr wir das Universum erklären können, desto sinnloser scheint sein Bestehen zu sein.«

Nun, Sie müssen wählen! Doch passen Sie auf, weil Ihre Wahl darüber entscheiden wird, welches Leben Sie auf dieser Erde führen werden und was Ihre Bestimmung sein wird, wenn Sie von hier abscheiden. Der Atheist sagt, dass das Universum lediglich ein geordnetes, zufällig entstandenes Gebilde sei. Agnostiker geben zu, dass sie nicht Bescheid wissen, und zerbrechen sich darüber nicht weiter den Kopf. Deisten räumen ein, dass Gott ursprünglich alles erschaffen, seitdem aber das Erschaffene schon lange vergessen habe. Doch der gläubige Christ singt noch immer: »Dies ist des Vaters Welt.«

Inwiefern sieht alles völlig anders aus, wenn Christen an einen Schöpfer glauben, der das Universum nicht nur erschaffen hat, sondern auch dessen Gebieter ist und seine Bestimmung in der Hand hat? Wenn wir in der Gemeinde »Dies ist des Vaters Welt« singen, wie sollten wir dann im Alltag und in der Nachbarschaft leben, um nachzuweisen, dass wir hinter dieser Aussage stehen?

1. Wir sollen Gott allein anbeten.

»Es fürchte den HERRN die ganze Erde; mögen sich vor ihm scheuen alle Bewohner der Welt! Denn er sprach, und es geschah; er gebot, und es stand da« (Ps 33,8-9).

Die Schöpfung offenbart die Existenz Gottes, die Macht Gottes und die Weisheit Gottes. Dass dieses komplexe Universum durch einen »Urknall« aus dem Nichts entstanden sein soll, ist genauso wahrscheinlich wie die Tatsache, dass bei einer Explosion in einer Druckerei die Werke Shakespeares entstehen. Nur ein allmächtiger Gott konnte etwas aus dem Nichts heraus erschaffen, und nur ein weiser Gott konnte ihm seine vorgesehenen Funktionen übertragen. Der Wissenschaftler spürt nur Gottes Gedanken nach, indem er die Gesetze entdeckt, die Gott seiner Welt schöpfungsmäßig mitgab.

Paulus bestätigte, dass die Schöpfung sowohl Gottes *»ewige Kraft als auch seine Göttlichkeit«* (Röm 1,20) unter Beweis stellt. David sang: *»Die Himmel erzählen die Herrlichkeit Gottes, und das Himmelsgewölbe verkündet seiner Hände Werk«* (Ps 19,2). Jesus gebrauchte ohne weiteres das Wort *»Schöpfung«* (Mk 10,6; 13,19). Das gleiche taten Paulus (Röm 8,19-20.22) und Petrus (2Petr 3,4).

Römer 1,18-32 erläutert die Abwärtsentwicklung der Menschheit von der Erkenntnis des wahren und lebendigen Gottes weg zu einer Verehrung falscher Götter und toter Götzen. Im Gegensatz zu dem, was einige vergleichende Religionswissenschaftler lehren, begann die religiöse Entwicklung der Menschen nicht damit, dass sie Naturgewalten verehrten und sich dann allmählich zur Anbetung des wahren Gottes emporarbeiteten. Vielmehr begann die Menschheit auf der höchsten Stufe der Erkenntnis des wahren Gottes. Um jedoch ihre leidenschaftlichen Begierden zu befriedigen, verweigerten sie ihm die Anbetung und wandten sich stattdessen Götzen zu. »Somit vergisst die Welt Dich, ihren Schöpfer«, schrieb Augustin, »und gibt sich nicht Dir, sondern dem hin, was Du geschaffen hast.«

Als David über die Größe der Himmel nachsann, musste er fragen: *»Was ist der Mensch, dass du sein gedenkst, und des Menschen Sohn, dass du dich um ihn kümmerst?«* (Ps 8,4-5). Der Prophet Jesaja betrachtete die Größe des Schöpfers und erkannte eindeutig die Torheit des Götzendienstes (Jes 40,12-26; 45,5-18).

Herr, ich sehe deine Welt,
das weite Himmelszelt,
die Wunder deiner Schöpfung.

Alles das hast du gemacht,
den Tag und auch die Nacht;
ich danke dir dafür.

(Peter Strauch)

Ein Führer in einem nuklearen Versuchslabor gab seiner Gruppe die Gelegenheit, Fragen zu stellen. Daraufhin fragte ein Besucher: »Sie sagen, dass diese ganze Welt, die so fest gefügt zu sein scheint, nichts als in Bewegung befindliche Elektronen darstellt. Wenn das stimmt, was hält dann all das zusammen?« Die ehrliche Antwort des Führers war: »Wir wissen es nicht.« Doch Paulus hat diese Frage Jahrhunderte zuvor beantwortet: *»Alles ist durch ihn* [Jesus Christus] *und zu ihm hin geschaffen; und er ist vor allem, und alles besteht durch ihn«* (Kol 1,16-17). Dies ist der Gott, den wir anbeten, wobei die Schöpfung mit uns einstimmt, ihn zu preisen (Ps 19,2-6; 96,10-13; 148,1-13).

2. Wir sollen gute Verwalter seiner Schöpfung sein.

Als Gott dem ersten Menschenpaar die Herrschaft über die Schöpfung anvertraute (1Mo 1,26-30), verpflichtete er sie und ihre Nachkommen dazu, seine Gaben wertzuschätzen und sie sorgfältig zu seiner Ehre zu gebrauchen. Gott erschuf alles zu seiner Ehre und seinem Wohlgefallen (vgl. Offb 4,11). Wir dürfen es genießen und gebrauchen (1Tim 6,17; Apg 17,24- 28), wobei wir uns stets als Verwalter in Gottes Welt ansehen müssen. Wer die Schöpfung zerstört und ihre guten Gaben vergeudet, sündigt gegen Gott.

In diesem Universum gibt es Gott, die Menschen und die Dinge, die Gott erschaffen hat, darunter Meere, Land, tierisches und pflanzliches Leben, Luft und riesige Mengen an Bodenschätzen. Uns wird geboten, Gott anzubeten, die Menschen zu lieben und die Dinge zur Ehre Gottes sowie zum Nutzen anderer zu gebrauchen. Wenn diese göttliche Ordnung durcheinander gebracht wird, leidet Gottes Schöpfung. Wenn wir in unserer Habsucht anfangen, nach irgendwelchen Dingen zu gieren, fangen wir bald an, Gott zu ignorieren, die Menschen zu missbrauchen und die Schöpfung zu zerstören. Der Romanschriftsteller Alan Paton schrieb: »Der Boden ist heilig – so wie er aus der Hand des Schöpfers hervorging. Bewahrt, schützt, sorgt für ihn, denn er bewahrt Menschen, schützt Menschen und sorgt für Menschen. Wenn man ihn zerstört, wird auch der Mensch zerstört.«

Gott verankerte im mosaischen Gesetz seine Fürsorge für Menschen, Tiere, Pflanzen und das Land mit seinen Gütern. Am Sabbattag konnten sowohl die arbeitenden Israeliten als auch ihre Tiere ruhen (2Mo 20,8-11; 23,12), wobei das Sabbat- und das Jobeljahr dafür sorgten, dass das Land Ruhe hatte (3Mo 25). Weil die Israeliten diese Gesetze nicht einhielten, gingen sie in die Gefangenschaft, so dass das Land seine Sabbate feiern konnte und die Voraussetzung für erneute Fruchtbarkeit geschaffen wurde (2Chr 36,14-21).

Gott gab Israel Verordnungen im Blick auf verirrte und gefallene Tiere (5Mo 22,1-4), nistende Vögel (5Mo 22,6-7) und pflügende (5Mo 22,10) sowie neugeborene Tiere (3Mo 22,26-28). Der Psalmist pries Gott dafür, dass er sich fortwährend um Tiere und Menschen kümmert und sorgt (Ps 104,10-30). Man muss zugeben, dass Gott seine Schöpfung nicht im Stich gelassen hat, während die Menschheit Gottes Schöpfung zweifellos geschändet und zerstört hat. Warum eigentlich? Weil die Menschen denken, dies sei ihre Schöpfung. Sie vergessen, dass wir vor Gott verantwortliche Wesen und Verwalter seiner Gaben sind.

Umweltexperten behaupten, dass *jeden Tag* 100 Pflanzen- sowie Tierarten aussterben und dass die Zerstörung der Wälder sowie die Wasser- und Luftverschmutzung im Laufe der Zeit immer größere ökologische Tragödien hervorbringe. Dennoch *liebt* Gott seine Schöpfung. Er will, dass wir liebevoll mit ihr umgehen. *»Der HERR ist gut gegen alle, sein Erbarmen ist über alle seine Werke … Der HERR ist gerecht in allen seinen Wegen und treu in allen seinen Werken«* (Ps 145,9.17). Wie können wir da mit der von Gott geliebten Schöpfung Raubbau treiben und sie zerstören?

3. Wir sollen auf Gottes vorausschauende Fürsorge vertrauen und uns keine Sorgen machen.

Agnostiker und Atheisten haben allen Grund, sich Sorgen zu machen, weil ihnen (wie es jemand einmal ausgedrückt hat), »die Hilfsquellen der Ewigkeit fehlen«. Für sie ist das Universum eine von selbst entstandene, seelenlose Maschine, aber nicht die Schöpfung eines weisen Gottes und liebenden Vaters. Doch gläubige Christen sehen die Schöpfung als Welt ihres Vaters an. Sie nennen den Schöpfer »Vater«, und sie vertrauen ihm mit ihrem Leben, ihren Umständen und ihrer Zukunft.

Die gesamte Schöpfung preist den Herrn und erwartet, dass er alle ihre Bedürfnisse stillt. *»Sie warten auf dich, dass du ihnen ihre Speise gibst zu seiner Zeit«* (Ps 104,27). Es lässt sich nicht nachweisen, dass Amseln Magengeschwüre bekommen oder dass Kaninchen Nervenzusammenbrüche haben:

> Sprach die Amsel zu dem Sperling:
> »Oft schon hab ich nachgedacht,
> warum sich der Mensch auf Erden
> so viel Stress und Sorgen macht?«
>
> Sprach der Sperling zu der Amsel:
> »Oh, die Antwort ist nicht schwer:
> Wäre Gott für ihn der Vater,
> sorgte er sich nimmermehr.«

Das Universum ist keine riesige Maschine, die Gott erschuf, in Gang setzte und dann sich selbst überließ. *»Des HERRN ist die Erde und ihre Fülle, die Welt und die darauf wohnen«* (Ps 24,1). *»Alles, was dem HERRN wohlgefällt, tut er in den Himmeln und auf der Erde, in den Meeren und in allen Tiefen«* (Ps 135,6). *»In seiner Hand ist die Seele alles Lebendigen und der Lebensatem alles menschlichen Fleisches«* (Hi 12,10).

Das englische Wort für Vorsehung, »providence«, leitet sich aus zwei lateinischen Begriffen ab, die zusammengesetzt »vorhersehen« bedeuten. Ungeachtet dessen, was getan werden muss – der Herr sieht und sorgt vor (1Mo 22,13-14). Der Planet Erde taumelt nicht wie ein hilfloser Betrunkener im Weltraum umher. Gott hat die ganze Welt in seinen Händen und sorgt dafür, dass seine göttlichen Vorsätze zum Nutzen seines Volkes und zur Ehre seines Namens verwirklicht werden. Diese Zuversicht ist es, die seinem Volk Frieden gibt, wie schwierig die Umstände auch sein mögen. *»Der HERR der Heerscharen ist mit uns, eine Festung ist uns der Gott Jakobs … Lasst ab und erkennt, dass ich Gott bin«* (Ps 46,8.11).

In der Bergpredigt (Mt 5 – 7) sagt uns Jesus, wie wir vom ängstlichen Sorgen befreit werden können. Wir müssen unser Leben in die Hände des Vaters legen und ihm vertrauen, dass er uns führt und jeden Tag neu für uns sorgt (Mt 6,24-34). Wenn wir *Dinge* an die erste Stelle in unserem Leben setzen, werden wir uns beunruhigen und sorgen, doch wenn wir Gottes Reich Priorität einräumen, wird er für unsere Bedürfnisse sorgen und uns seinen Frieden geben (V. 33). Er lässt auch heute alle Dinge zum Guten mitwirken (Röm 8,28), selbst wenn wir vielleicht nicht alles erkennen oder verstehen, was er für uns tut.

4. Wir sollen zu unserem Vater beten.

Wenn Gott, der Schöpfer und Herr des Universums, unser Vater ist, dann ist es angemessen, mit ihm über die Angelegenheiten zu reden, die uns Sorgen machen. *»Wenn nun ihr, die ihr böse seid, euren Kindern gute Gaben zu geben wisst, wieviel mehr wird euer Vater, der in den Himmeln ist, Gutes geben denen, die ihn bitten«* (Mt 7,11).

Aber warum sollten wir beten, wenn Gott souverän ist und einen Plan für sein Volk und seine Welt hat? Ist dann Beten nicht Einmischung in Gottes Willen? Nein, auf keinen Fall. Gebet umfasst eines der Mittel, die Gott dazu bestimmt hat, seinen Willen in dieser Welt zu verwirklichen. Einer hat einmal treffend gesagt, dass der Zweck des Gebets nicht darin besteht, unseren Willen im Himmel durchzusetzen, sondern vielmehr darin, Gottes Willen auf Erden zu verwirklichen. *»Dein Wille geschehe, wie im Himmel so auch auf Erden«* (Mt 6,10). Wenn wir nicht bitten, empfangen wir nichts (Lk 11,9-10; Jak 4,1-3). Jesus ermutigt uns anhand seines Vorbildes, seiner Belehrungen und seiner Verheißungen, unsere Bitten vorzubringen.

Wir beten zum Vater, weil wir wissen, dass er der Schöpfer und *»Herr des Himmels und der Erde«* ist. Die großen biblischen Vorbilder der Fürbitte konnten uneingeschränkt sagen: *»Meine Hilfe kommt vom HERRN, der Himmel und Erde gemacht hat«* (Ps 121,2). Dies galt für Abraham (1Mo 14,22), Hiskia (2Kö 19,15), die Apostel und die Urgemeinde (Apg 4,24), Paulus (Eph 3,14-15) und selbst für unseren Herrn Jesus Christus (Lk 10,21). Wenn Sie sich auf die Größe Gottes konzentrieren, werden Ihre eigenen Probleme und Lasten kleiner und leichter.

5. Wir sollen uns nicht fürchten, wenn wir um seinetwillen leiden.

»Daher sollen auch die, welche nach dem Willen Gottes leiden, einem treuen Schöpfer ihre Seelen anbefehlen im Gutestun« (1Petr 4,19). Das griechische mit »anbefehlen« übersetzte Wort beinhaltet einen Ausdruck des Bankwesens (»zur sicheren Verwahrung hinterlegen«). Damit wird zweierlei angedeutet: Erstens die Tatsache, dass sein Volk dem Herrn wertvoll ist, und zweitens, dass er ganz sicher für uns sorgen wird. *»... indem ihr alle eure Sorge auf ihn werft! Denn er ist besorgt für euch«* (1Petr 5,7). Denn wenn der Schöpfer imstande ist, sein Universum zusammenzuhalten und seine Funktionen so ablaufen zu laufen, dass sie seinen Willen vollbringen, kann er dann nicht das gleiche in unserem Leben, unseren Familien und unserem Dienstbereich tun? Der Schöpfer, der die Zahl und die Namen aller Sterne kennt, weiß, wer wir sind, und kann für unsere tiefsten Bedürfnisse sorgen (Ps 147,3-6).

Petrus schrieb seinen Brief an Gläubige im Römischen Reich, denen Erfahrungen im »Feuerofen« der Leiden (vgl. 1Petr 1,7; 4,12 ff.) und Verfolgung um ihres Glaubens willen bevorstanden. Doch wenn sich sein Volk im Feuerofen befindet, bestimmt der Schöpfer Länge und Schwere der betreffenden Prüfung. Er, der weiß, wie lange und wie viel, hat immer alles unter Kontrolle.

Niemals Versuchung, die vor ihm nicht flieht,
nie einen Kummer, den Jesus nicht sieht;

nie eine Last mehr, er nimmt sie auf sich,
Stunde um Stunde sorgt Jesus für mich!

(Verfasser unbekannt)

6. Wir sollen die Menschen lieben und ihnen dienen.

Als Paulus auf dem Areopag zu den griechischen Philosophen sprach, stellte er ihnen in Grundzügen das biblische Gottes- und Menschenbild vor (Apg 17,22-34). Er sagte ihnen, dass Gott der Schöpfer sei und Tempel sowie Götzen von Menschenhand nicht brauche, weil er der Herr des Himmels und der Erde ist. Wir können Gott nichts geben, weil er alles erschaffen hat. Er ist es, der uns *»Leben und Odem und alles«* (V. 25) gibt.

Dann wagte sich Paulus auf gefährliches Terrain vor und erklärte, dass Gott alle Menschen *»aus einem«* (V. 26) erschaffen habe – eine Aussage, die bei den stolzen Griechen anstößig gewesen sein muss. Zu dieser Zeit betrachteten sie sich als »höher gestellte Menschen« und alle anderen als »Barbaren«. Doch Paulus wusste, dass alle Menschen von Adam abstammten und dass alle Volksgruppen und Nationen als eine Menschheitsfamilie vor dem Schöpfer gelten. In seinem vorausschauenden Handeln ließ Gott es zu, dass Nationen aufstiegen und verschwanden und sich gar neue Gebiete erschlossen, und doch sind sie alle seine Geschöpfe – aus dem Staub gebildet und von seiner Macht erhalten.

Im alttestamentlichen Gesetz gebot Gott den Israeliten, den Fremden und Ausländern in ihrer Mitte freundlich zu begegnen (2Mo 23,9; 3Mo 19,34; 23,22; 5Mo 10,17-19; 26,1-11). Jesus erwies den Nichtjuden genauso Barmherzigkeit wie den Juden, wobei er einen Samariter als Beispiel eines vorbildlichen Nächsten gebrauchte (Lk 10,25-37). Einige der jüdischen Glieder in der Urgemeinde hatten Probleme damit, die Nichtjuden zu akzeptieren, doch Gott verdeutlichte, dass es unter den Angehörigen seines Volkes keinen Platz für Vorurteile gab (Apg 10; 11,1-24; 15,1-29; Gal 3,26-29).

Solange es Nöte gibt, die gelindert werden müssen, sind wir verpflichtet, einander Nächste zu sein und einander zu helfen. Es reicht nicht, treu unsere gottesdienstlichen Pflichten zu erfüllen, sondern wir müssen auch gegenüber den Bedürftigen barmherzig sein (Jes 58,6-11; 1Jo 3,16-24; Jak 2,14-17). Selbst wenn sich Menschen nicht zum Glauben an Christus bekennen, sind sie im Bild Gottes erschaffene Menschen, so dass wir das für sie tun müssen, was in unseren Kräften steht.

An einem Dezembertag fuhren meine Frau und ich zu einem Besuch ihrer Verwandten in Wisconsin. Dabei wurde unser Wagen von der Fahrbahn geschleudert und landete im Straßengraben. Obwohl wir nicht verletzt waren und das Auto nicht beschädigt war, wussten wir nicht, wie wir beide es wieder auf die Fahrbahn schieben konnten. Einige Minuten später kamen drei Männer an den Ort des Geschehens, sahen unsere missliche Lage, hielten ihr Auto an und stiegen aus, um uns zu helfen. Sie fragten nicht nach unserer Staatsangehörigkeit oder unseren religiösen Überzeugungen. Sie machten sich einfach an die Arbeit und schoben unseren Wagen aus dem Graben heraus. Nachdem wir ihnen vielmals gedankt hatten, fuhren sie weiter. Von dem, was der schottische Dichter Robert Burns »menschliche Unmenschlichkeit gegenüber dem Menschen« nannte, hatten wir diesem Tag gewiss nichts gemerkt!

Der jüdische Gelehrte Abraham Joshua Heschel bezeichnete rassische Vorurteile als Verhaltensweise, bei der »maximaler Hass mit minimalem Verstand gepaart ist«. Doch wie können wir einander verachten und geringschätzig behandeln, wenn wir alle *»aus einem«* erschaffen sind? Wenn wir uns dennoch so verhalten, schaden wir auch uns.

7. Wir sollen Gottes Wort lesen und studieren.

»Deine Hände haben mich gemacht und bereitet. Gib mir Einsicht, ich will deine Gebote lernen« (Ps 119,73). Die Hände, die uns im Leib unserer Mutter bildeten (Ps 139,13-16), schrieben auch das Wort, das uns in unserem täglichen Leben leitet.[1]

Wenn Sie ein neues Auto oder ein neues Gerät kaufen, lesen Sie die Bedienungsanleitung, um sicherzugehen, dass Sie die Funktionsweise verstanden haben. Die Bibel ist die »Bedienungsanleitung« fürs Leben. Sie sagt uns, woher wir kommen, wer wir sind und was Gott von uns erwartet. Der Gott, der uns erschaffen hat, weiß am besten, wie wir leben sollten. Wenn wir seine Ratschläge und Warnungen ignorieren, steuern wir auf Schwierigkeiten zu. Wer das eigene Leben ohne Gehorsam gegenüber seinem Wort bewältigen will, gleicht einem Piloten, der ein Flugzeug führt, ohne zunächst die Bedienungsanweisungen gelesen und Flugunterricht genommen zu haben: Wir steuern auf einen Absturz zu!

Der Herr will mit einem jeden von uns sein göttliches Ziel verwirklichen. Dieses Ziel finden wir heraus, indem wir sein Wort lesen und ihm gehorchen. *»Der HERR wird's für mich vollenden. HERR, deine Gnade währt ewig. Gib die Werke deiner Hände nicht auf!«* (Ps 138,8). Der Herr möchte jeden von uns führen. Wir sollen uns an dem freuen können, was er für uns vorgesehen hat, doch wir müssen bereit sein, darauf einzugehen. Wer die Bibel ignoriert, lässt die größte »Bedienungsanleitung fürs Leben« außer acht, die der Menschheit je gegeben wurde.

»Vertraue auf den HERRN mit deinem ganzen Herzen und stütze dich nicht auf deinen Verstand! Auf all deinen Wegen erkenne nur ihn, dann ebnet er selbst deine Pfade!« (Spr 3,5-6). Zweifellos müssen wir unseren eigenen Verstand gebrauchen und Sachverhalte durchdenken, doch wir dürfen uns nicht auf unseren Verstand verlassen, wenn er sich von Gottes Wort löst. Der gesunde Menschenverstand sagte dem jungen David, dass der Riese Goliat größer und stärker als er sei, doch der Glaube rechnete damit, dass Gott den Riesen besiegen würde (1Sam 17). Der menschliche Verstand sagte den drei jüdischen Männern, dass sie in dem Feuerofen verbrennen würden, doch der Glaube rechnete mit Gottes Schutz und Bewahrung (Dan 3). *»Also ist der Glaube aus der Verkündigung, die Verkündigung aber durch das Wort Christi«* (Röm 10,17).

Gott ist der Schöpfer, und er hat seinen Geschöpfen ein Buch gegeben, das ihnen hilft zu verstehen, wer er ist, wie er wirkt und was er von ihnen erwartet. Wir sollen den Vorschriften dieses Buches gehorchen, den Verheißungen glauben und seine Prinzipien verstehen. Dieses Buch handelt auch von Menschen im wirklichen Leben, von denen einige dem Herrn gehorchten und einige ihm ungehorsam waren. Anhand der Erfahrungen dieser Menschen können wir eine Menge darüber lernen, was wir auf dem Lebensweg vermeiden sollten.

Wir sollten selbstverständlich so viel wie möglich lernen, doch alles, was wir lernen, muss am Wort Gottes geprüft werden. Der amerikanische Physiker und Nobelpreisträger Robert A. Millikan sagte: »Ich sehe gründliche Bibelkenntnisse als unabdingbare Voraussetzung eines gebildeten Menschen an.« William Lyon Phelps, Professor an der Yale University, stimmte dem zu mit den Worten: »Jeden, der sich in der Bibel genau auskennt, kann man als wahrhaft ›gebildet‹ bezeichnen … Ich glaube, dass biblische Kenntnisse ohne Hochschullehrgang wertvoller sind als umgekehrt ein solcher Lehrgang ohne die Bibel.«

Wenn Sie glauben, dass Gott Ihr Schöpfer ist und dass Sie in seinem Universum leben, sollten Sie auf seine Worte hören und sich nach ihnen richten, denn dies beinhaltet das Geheimnis wahrer Erfüllung und echten Erfolgs (Jos 1,7-9).

FÜNF

1. Mose 3

Gefahren im Paradies

Wenn 1. Mose 3 nicht in der Bibel stände, würde es keine Bibel in der uns bekannten Art geben. Warum eigentlich? Weil der Rest der Schrift die traurigen Folgen der Sünde Adams belegt und erklärt, was Gott in seiner Gnade getan hat, um uns daraus zu befreien. Indem Sie die grundlegenden Wahrheiten dieses wichtigen Kapitels erfassen, könnten Sie Paulus' Darlegung zur Rechtfertigung in Römer 5, seine in 1. Timotheus 2,8-15 befindliche Lehre über Mann und Frau in der Gemeinde und seine in 1. Korinther 15 enthaltene Erläuterung der künftigen Auferstehung besser verstehen.

Aufgrund des Ungehorsams Adams kam Sünde in die Menschheit. Allerdings gibt uns die Bibel keine Erklärungen hinsichtlich der Existenz Satans und des Bösen vor dem Sündenfall. Der Bericht in 1. Mose 3 ist kein Mythos. Wenn der Sündenfall nicht wirklich stattgefunden hat, dann beruht der christliche Glaube auf Fiktionen und nicht auf Fakten. Jesus Christus wäre dann unnötigerweise am Kreuz gestorben. Von 1. Mose 3 bis zu Offenbarung 21 zeichnet die Bibel den Konflikt zwischen Gott und Satan, zwischen Sünde und Gerechtigkeit auf, wobei sie Sünder inständig bittet, Buße zu tun und Gott zu vertrauen.

1. Der Feind (1Mo 3,1a)[1]

Satan ist von Autoren, Künstlern, Schauspielern und Komikern so sehr karikiert worden, dass die meisten Menschen nicht an die wirkliche Existenz des Teufels glauben oder ihn zumindest nicht ernst nehmen. Der englische Romanschriftsteller Samuel Butler schrieb z.B.: »Wir müssen daran denken, dass wir eine einseitige Darstellung des Falles gehört haben. Gott hat all diese Bücher geschrieben.«[2] Und Mark Twain schrieb: »Wir brauchen Satan nicht mit Ehrerbietung zu begegnen, denn das wäre unklug, doch wir können zumindest seine Talente respektieren.«[3] Ein populärer Fernsehkomiker musste immer lachen, als er sagte: »Der Teufel hat mich geritten, als ich das getan habe!«

Obwohl wir kaum etwas über seinen Ursprung kennen,[4] wissen wir, dass Satan ein reales Geschöpf, ein Feind und ein gefährliches Wesen ist. Hier in 1. Mose 3 wird Satan mit einer Schlange verglichen – ein Bild, das in 2. Korinther 11,3 wieder verwendet wird. In Offenbarung 12 wird er als *»Drache«* bezeichnet, wobei beide Namen in 20,2 zusammen genannt werden. Doch Satan ist nicht nur eine verführende Schlange, sondern auch ein brüllender Löwe, der verschlingen will (1Petr 5,8). Darüber hinaus heißt er auch *»Abbadon«* und *»Apollyon«*, was »Verderber« bedeutet (Offb 9,11). *»Satan«* bedeutet »Widersacher« und *»Teufel«* »Verleumder«.

In Johannes 8,44 nannte Jesus Satan einen Mörder und den Vater der Lüge. Er bezeichnete ihn auch als den *»Bösen«* (Mt 13,19) und den *»Fürst dieser Welt«* (Joh 12,31). Paulus und Johannes nannten den Teufel *»den Bösen«* (2Thes 3,3; 1Jo 3,12), wobei Paulus sagte, dass Satan *»der Gott dieser Welt«* (2Kor 4,4), der Herrscher über diese Weltordnung (Eph 2,2) und der Anführer der dämonischen Mächte des Bösen ist (Eph 6,10-12).

Kurz gesagt, Satan ist kein harmloser Gegner, wobei die Angehörigen des Volkes Gottes ihm in ihrem Leben nicht einen Fußbreit überlassen dürfen (Eph 4,27). Deshalb studieren wir Gottes Wort und versuchen, die Strategie Satans zu verstehen (2Kor 2,11).

2. Die Strategie (1Mo 3,1b-5)

Eine Versuchung beinhaltet eine Gelegenheit, etwas Gutes auf schlechte Art und Weise zustande zu bringen. Es ist etwas Gutes, wenn man eine schulische Prüfung ablegt, aber etwas Schlechtes, wenn man dabei betrügt. Es ist etwas Gutes, wenn man seine Rechnungen bezahlt, aber etwas Schlechtes, wenn man das Geld für die Rechnungen stiehlt. Im Grunde sagte Satan zu Eva: »Ich kann euch etwas geben, das ihr braucht und gern haben möchtet. Ihr könnt es jetzt haben und genießen, und – was am allerbesten ist – es gibt keinerlei unangenehme Konsequenzen. Welch eine Gelegenheit!« Beachten wir, wie Satan vorgeht, als er Eva versucht.[5]

Satan verstellte sich (V. 1a). Satan bringt nichts wirklich Neues hervor, sondern ahmt Vorhandenes geschickt nach. Als solcher verbirgt er seinen wahren Charakter. Wenn notwendig, kann er sogar die Gestalt eines Engels des Lichts annehmen (2Kor 11,14).[6] Als er in den Garten kam, gebrauchte Satan den Körper der Schlange, einer der Geschöpfe Gottes, die dieser als *»gut«* befunden hatte (1Mo 1,31). Eva schien sich von der Anwesenheit der Schlange oder ihrer Sprachfähigkeit nicht beunruhigen zu lassen. Daher können wir annehmen, dass sie in dieser Begegnung nichts Bedrohliches sah. Vielleicht hatte Eva mit dieser Tierart keine Bekanntschaft geschlossen, so dass sie folgerte, sie hätte die Fähigkeit, sprechen zu können.[7]

Satan wirkt heute noch immer als derjenige, der andere und anderes nachahmt. Er hat eine falsche Gerechtigkeit hervorgebracht, die von der allein durch Glauben an den Erretter zu erlangenden Gerechtigkeit losgelöst ist (Röm 9,30 – 10,13). Satan hat falsche Diener (2Kor 11,13-16), die ein falsches Evangelium verkündigen (Gal 1,6-10). Er hat auch falsche Brüder (und Schwestern), die dem wahren Evangelium widerstehen (2Kor 11,26). Der Teufel hat die um ihn gescharten »Christen« in abgefallenen Gemeinden gesammelt, die Gott *»Synagogen des Satans«* (Offb 2,9) nennt. In diesen Versammlungen werden die *»Tiefen des Satans«* gelehrt (Offb 2,24).

Satan stellte Gottes Wort in Frage (V. 1b). 2. Korinther 11,3 verdeutlicht, dass Satan auf Evas Gedanken abzielte und seine Waffe der Betrug war. Indem er Gottes Worte in Frage stellte, rief Satan in Evas Gedanken Zweifel an der Wahrhaftigkeit des Wortes Gottes und der Herzensgüte Gottes hervor. »Meint ihr wirklich, dass ihr nicht von *jedem* Baum essen dürft?« war die Bedeutung dieser spitzfindigen Frage. »Wenn Gott euch wirklich lieben würde, wäre er großzügiger. Er verheimlicht euch etwas!« Nach Satans Willen sollte Eva vergessen, dass Gott Adam (und damit auch ihr) gesagt hatte, sie könnten nach Belieben (vgl. Elberf) von den Bäumen des Gartens essen. Zu ihrem eigenen Nutzen gab es ein Verbot: Sie sollten sich hüten, von dem verbotenen Baum in der Mitte des Gartens zu essen (1Mo 2,15-17).

Evas Erwiderung zeigte, dass sie Satans Beispiel folgte und schon den Wortlaut dessen, was Gott gesagt hatte, änderte. Wenn Sie Kapitel 3,2-3 mit 2,16-17 vergleichen, erkennen Sie, dass sie die Worte »nach Belieben« (Elberf) ausließ und die Wendung *»ihr … sollt sie nicht berühren«* hinzufügte. Außerdem sagte sie nicht, dass Gottes Anweisung ein »Gebot« war. Beachten wir auch, dass Eva den Teufel weiterhin nachahmte, als sie von *»Gott«* (Elohim) und nicht von »Gott, dem HERRN« (Jahwe), dem Bundesgott, sprach. Schließlich deutete ihre Formulierung *»damit ihr nicht sterbt«* eine Möglichkeit an, während *»du* (wirst) *gewisslich sterben«* (Elberf) eine Realität darstellt. Damit *nahm* sie von Gottes Wort *weg, fügte* ihm *hinzu* und *veränderte* Gottes Wort – Vergehen, die tatsächlich sehr folgenschwer sind (5Mo 4,2; 13,1; Spr 30,6; Offb 22,19). Sie begann, an Gottes Güte und Wahrhaftigkeit zu zweifeln.

Satan bestritt, dass Gottes Wort stimmt (V. 4). *»Keineswegs werdet ihr sterben«* steht in direktem Gegensatz zu *»du* (wirst) *gewisslich sterben«* (Kap. 2,17; Elberf). Doch Satan ist ein Lügner (Joh 8,44), während Gott der Gott der Wahrheit ist. Unsere Antwort auf das, was Gott sagt, sollte sein: *»Darum wandle ich aufrichtig nach allen deinen Vorschriften«* (Ps 119,128). An diesem Punkt hätte sich Eva an Gottes Wort erinnern, ihm glauben, sich von der Schlange abwenden und zu ihrem Mann gehen sollen. Immer dann, wenn wir am Ort der Versuchung stehen bleiben, geraten wir in Schwierigkeiten, *besonders wenn wir wissen, dass unsere Gedanken im Gegensatz zu Gottes Wahrheit stehen.* Gottes Wahrheit ist uns Schild und Schutzwehr (Ps 91,4; Eph 6,16), doch sie schützt uns nur, wenn wir sie im Glauben ergreifen und gebrauchen.

Satan setzt Lüge gegen Wahrheit (V. 5). *»Ihr … werdet* (sein) *wie Gott«* ist ein Versprechen, das jedermanns Aufmerksamkeit erregen würde.[8] »Ehre dem Menschen in der Höhe!« ist stets der Schlachtruf derjenigen gewesen, die Gegner biblischer Offenbarung sind – ganz gleich, ob sie den atheistischen Humanismus, den Materialismus oder die Religion des sogenannten »New Age« vertreten (eigentlich ist die Philosophie der New-Age-Anhänger überhaupt nicht neu, sondern so alt wie 1. Mose 3!).

Römer 1,18-32 beschreibt, wie die heidnische Welt von der Zeit Kains an die Wahrheit Gottes ablehnte und sich Torheit und Lügen zuwandte. Sie verwandelten *»die Wahrheit Gottes in die Lüge … und* (brachten) *dem Geschöpf Verehrung und Dienst dar … statt dem Schöpfer«*

(V. 25). Als er über Satan sprach, sagte Jesus »*… denn er ist ein Lügner und der Vater derselben*« (Joh 8,44). In einer gottfeindlichen Haltung tauschten Menschen Gottes Wahrheit gegen »*die Lüge*« (beachten wir die Einzahl) ein und folgten Satan, dem Vater »*derselben*« (beachten wir erneut die Einzahl).

Worin besteht »*die Lüge*« (Singular), die seit dem Sündenfall die Zivilisation beherrscht hat? Sie beinhaltet den Glauben, dass Mann und Frau selbst Gott sein und für die Schöpfung statt für den Schöpfer leben können, ohne *irgendwelche Konsequenzen zu erleiden*. In diesem Glauben wollen sie sich Gottes Wahrheit nicht beugen. Stattdessen ziehen sie es vor, Satans Lügen zu glauben und seinem teuflischen Plan zu folgen, der ihr Verderben herbeiführt. Sie erkennen nicht, dass Satan sie beherrscht (Eph 2,1-3) und sie für den Feuersee bestimmt sind (Mt 7,13-23; Offb 20,10-15).

Wenn Sie sich die Reihenfolge ansehen, können Sie besser verstehen, wie Satan Menschen dorthin führt, wo sie ungehorsam werden. Wenn wir anfangen, Gottes Wort in Frage zu stellen, werden wir auch die Wahrheit seines Wortes bestreiten und Satans Lügen glauben. Von da ist es nur ein kleiner Schritt, Satans Versprechungen zu glauben und Gottes Gebote zu übertreten. Als unser Herr versucht wurde (Mt 4,1-11), beantwortete er Satans Lügen mit Gottes Wahrheit. Dreimal bekräftigte er: »*Es steht geschrieben!*« Satan will uns in der Gedankenwelt täuschen (2Kor 11,3), doch wir können ihn bezwingen, indem wir die von Gott bereitgestellten Waffen gebrauchen (Eph 6,10-18; 2Kor 10,4-5).

3. Die Tragödie (1Mo 3,6-7)

Menschen sind so erschaffen, dass sie etwas glauben müssen. Wenn sie der Wahrheit nicht glauben, werden sie schließlich Lügen Glauben schenken (2Thes 2,10). Wenn sie aber Lügen glauben, müssen sie die mit der Ablehnung der göttlichen Wahrheit stets verbundenen Konsequenzen tragen.

Ungehorsam (V. 6). Zunächst nahm Eva die Frucht und aß davon. Dann gab sie ihrem Mann von der Frucht, der ebenfalls davon aß. Damit wurden beide dem Herrn ungehorsam. Eva wurde betrogen, doch

Adam sündigte sehenden Auges. Er wusste, was er tat (1Tim 2,14). Deshalb verweist Paulus nicht auf Eva, sondern auf Adam als denjenigen, durch den Sünde und Tod in die Menschheit gekommen ist (Röm 5,12-21). *»Denn wie in Adam alle sterben …«* (1Kor 15,22).

Gott sieht den ersten Adam als Prototyp der Menschheit, der alten Schöpfung. Als Adam sündigte, sündigten wir gleichsam in ihm. Aufgrund seines Falls tragen wir die Folgen von Sünde und Tod. Doch Gott betrachtet Jesus Christus als Haupt der Gemeinde, der neuen Schöpfung (2Kor 5,17); und aufgrund seines Gehorsamsakts als er am Kreuz starb, haben wir Leben und Gerechtigkeit. Obwohl Sünde und Tod in dieser Welt herrschen, gilt ebenso, dass durch Christus Gnade und Gerechtigkeit herrschen (Röm 5,14.17.21). Wenn wir an Jesus Christus glauben, sind wir nicht mehr in Adam, sondern in Christus, wobei wir aufgrund seiner Gerechtigkeit angenommen werden.

Eva sündigte, weil sie zu der Frucht des verbotenen Baumes hingelockt wurde. Ihr ging es um Sichtbares und nicht um Glauben an Gottes Wort. 1. Mose 3,6 lässt sich mit 1. Johannes 2,16 vergleichen:

1. Mose 3,6	***1. Johannes 2,16***
»gut zur Speise«	*»die Begierde des Fleisches«*
»eine Lust für die Augen«	*»die Begierde der Augen«*
»begehrenswert … Einsicht zu geben«	*»der Hochmut des Lebens«*

Dies sind die Dinge, von denen sich die Menschen der heutigen Welt motivieren lassen. Wenn Angehörige des Volkes Gottes anfangen, wie die Welt zu denken, beginnen sie bald, wie die Welt zu leben.

Wir wissen, warum Eva in Versuchung fiel, doch weshalb beging Adam eine bewusste Sünde, wenn er die Tatsache kannte, dass er damit gegen Gottes Willen handelte? Sah er in Eva eine Veränderung? Erkannte er, dass sich seine Frau nicht mehr in dem gleichen Lebensbereich befand, in dem sie zuvor gewesen war? Musste er zwischen Gehorsam gegenüber Gott und dem Wunsch wählen, bei der Frau, die er zweifellos liebte, bleiben zu wollen? Das sind Fragen, die in der Bibel weder aufgeworfen noch beantwortet werden. Es ist daher unklug, darüber zu spekulieren. Adam traf eine Entscheidung, die falsche Entscheidung, deren Folgen die Menschheit seither trägt.

Erkenntnis (V. 7a). Satan hatte ihnen versprochen: »*Ihr ... werdet* (sein) *wie Gott.*« Sie sollten Gutes und Böses erkennen. Sein Versprechen ging auf tragische Weise in Erfüllung. Adam und Eva verloren ihre Unschuld und gewannen erstmalig die persönliche Erkenntnis, was es heißt, gesündigt zu haben. Wenn sie glücklich werden wollten, war diese Erkenntnis nicht notwendig, wobei es weitaus besser gewesen wäre, wenn sie gehorcht und in ihrer Gotteserkenntnis zugenommen hätten (Joh 7,17).

In der Schrift ist das schamlose Entblößen des Körpers mit Götzendienst (2Mo 32,25), Trunkenheit (1Mo 9,20-23; Hab 2,15) und dämonischer Besessenheit (Lk 8,26-39; Apg 19,16) verbunden. Es ist ein Kennzeichen einer dekadenten, am Abgrund stehenden Gesellschaft, wenn Menschen Geld damit verdienen, den nackten menschlichen Körper schamlos zur Schau zu stellen. Er wird zum Objekt sinnlichen Genusses, ob nun in Bordellen, auf Bildern oder in Filmen. Die Pornographie macht in der heutigen Gesellschaft Milliardenumsätze.

Scham (V. 7b). Nachdem sie erstmals ihre Nacktheit erkannt hatten (2,25), fertigten sie sich rasch Schurze an, um sich zu bedecken. Aufgrund der Sünde sollten wir uns vor uns selbst schämen. Gott hat uns eine innere Beurteilungsinstanz namens »Gewissen« gegeben, die uns bei Fehlverhalten anklagt und uns bestärkt, wenn wir das Rechte tun (Röm 2,12-16). Ein christlicher Indianer verglich das Gewissen mit einer Pfeilspitze in seinem Herzen. »Wenn ich Unrecht tue, rumort und schmerzt es in mir, bis ich es in Ordnung bringe. Aber wenn ich bei meinem Fehlverhalten bleibe, rumoren die Pfeilspitzen weiter, bis sich die Spitze abgewetzt hat. Dann schmerzt es nicht mehr.« Die Bibel bezeichnet dies als eingebranntes Gewissen (1Tim 4,2) oder »*böses Gewissen*« (Hebr 10,22), weil es nicht mehr richtig funktioniert.

Wenn sich Menschen wegen ihrer Sünden nicht mehr schämen, ist ihr Wesen so gut wie ruiniert. »*Sie werden zuschanden, weil sie Greuel verübt haben. Doch sie schämen sich keineswegs, ja, Scham kennen sie nicht*« (Jer 6,15; 8,12). »*Aber du hattest die Stirn eines Hurenweibes, hast dich geweigert, dich zu schämen*« (Jer 3,3). Sünde, die früher im Schutz der Dunkelheit begangen wurde, wird heute öffentlich in Filmen oder im Fernsehen dargestellt, und wenn Menschen dagegen protestieren, werden sie als »prüde« bzw. »puritanisch« bezeichnet.

Furcht (V. 8). Sünde ruft sowohl Scham als auch Schuldgefühle hervor, aufgrund derer sich der Betreffende verbergen will. Adam und Eva schämten sich wegen ihres Zustandes (Nacktheit). Schuldgefühle beschlichen sie angesichts dessen, was sie getan hatten (Ungehorsam gegenüber Gott). Schuldgefühle und Furcht bilden gewöhnlich eine Einheit. Dies erklärt, warum sich die beiden nicht mehr über die abendliche Gemeinschaft mit dem Herrn im Garten freuen konnten. Adam gestand ein: *»Ich fürchtete mich«* (V. 10). Obwohl es gewiss ein nutzloses Unterfangen ist, sich vor dem Herrn zu verbergen (Ps 139,1-12), versuchen schuldig gewordene Sünder immer wieder, dies dennoch zu tun.

Scham, Furcht und Schuldgefühl hatten den inneren Menschen so verwandelt, dass sich Adam und Eva nicht mehr über ihren Lebensraum, den schönen Garten, freuen konnten. Die Bäume, die sie gepflegt und bewundert und von denen sie gegessen hatten, dienten jetzt nur noch dazu, zwei furchterfüllten Sündern ein Versteck vor dem Angesicht Gottes zu bieten. Dafür waren die Bäume keineswegs vorgesehen, doch die beiden hatten keine Wahl. Die Schöpfung stellt ein Fenster dar, durch das wir Gottes Wesen sehen können, doch Adam und Eva gebrauchten sie gleichsam als Mittel, ihn auszusperren! Der künftige Erretter würde an einem Kreuz – aus dem Holz eines Baumstammes gezimmert – sterben, damit furchterfüllte Sünder zum Herrn kommen und Vergebung finden könnten.

4. Das Verhör (1Mo 3,9-13)

Wie Gott unseren Stammeltern erschien, als sie mit ihm im Garten Gemeinschaft hatten, wird uns nicht erklärt. Er nahm wahrscheinlich vorübergehend menschliche Gestalt an, um seine Herrlichkeit zu verhüllen. So erschien er, als er viele Jahre später Abraham besuchte (18,1 ff.).

Gott sucht (V. 8). Adam und Eva hätten zu Gott laufen, ihre Sünde bekennen und ihn um Vergebung bitten sollen. Doch statt dessen versteckten sie sich vor Gott, so dass er sie suchen musste. *»Da ist keiner, der verständig ist; da ist keiner, der Gott sucht«* (Röm 3,11). Der Evangelist Billy Sunday sagte, dass Sünder Gott nicht finden können, weil sie ihn nicht suchen – genau wie Verbrecher, die vor der Polizei flüchten!

Die Sabbatruhe des Vaters wurde gestört, weil er das erste Menschenpaar suchen musste, das er in seinem Bild erschaffen hatte.[9] Während seines irdischen Dienstes sagte Jesus: *»Denn der Sohn des Menschen ist gekommen, zu suchen und zu retten, was verloren ist«* (Lk 19,10). Auch in seinem Fall wurde die Sabbatruhe gestört, als er einen Kranken (Joh 5,1-16) und einen Blinden (Joh 9) heilte. Als ihn die übereifrigen religiösen Führer zur Rede stellten, sagte er: *»Mein Vater wirkt bis jetzt, und ich wirke ... Der Sohn kann nichts von sich selbst tun, außer was er den Vater tun sieht; denn was der tut, das tut ebenso auch der Sohn«* (Joh 5,17). Heute sucht der Heilige Geist durch das Zeugnis der Gemeinde die Verlorenen, die er zum Erretter führt (Joh 16,7-11; Apg 1,8).

Gott redet (V. 9-13). Gott fragt nicht, weil er Informationen braucht. Weil er Gott ist, weiß er alles. Vielmehr fragt er unsertwegen, um uns die Möglichkeit zu geben, den Tatsachen ins Auge zu sehen, ehrlich zu sein und unsere Sünden zu bekennen. Wir dürfen uns Gott jedoch nicht als unbarmherzigen Sklavenhalter vorstellen, der mit Adam und Eva so redete wie mit einem ungehorsamen Sklaven, oder als zornigen Richter, der mit einem überführten Verbrecher spricht. Eher könnten wir an einen tief traurigen Vater denken, der in Liebe mit seinen widerspenstigen Kindern redet.

Zunächst rief Gott Adam, um ihm die Möglichkeit zu einem offenen Geständnis zu geben.[10] Dass Gott ihn überhaupt rief, war ein Gnadenakt, denn Gott wäre im Recht gewesen, wenn er mit einem Gerichtswort Adam und Eva vernichtet hätte. Ein anderes Gnadenwunder bestand darin, dass Adam Gottes Stimme hören und antworten konnte, denn sein innerer Mensch war von Sünde so verunreinigt worden, dass er Gott nicht gegenübertreten wollte.

Nachdem Adam und Eva aus dem Versteck gekommen waren, bekannte Adam, dass sie sich schämten (sie waren nackt) und fürchteten (sie waren schuldig). Ohne es frei heraus zu sagen, gestand Adam ein, dass sie von dem verbotenen Baum gegessen hatten. Als Gott ihn jedoch unumwunden fragte, ob er von dem Baum gegessen habe, sagte Adam nicht: »Ja!« Stattdessen gab er sowohl Gott als auch seiner Frau die Schuld! Als Gott Eva befragte, beschuldigte sie die Schlange (sie sagte nicht: »Die Schlange, die du erschaffen hast«, aber vielleicht dachte sie dies.) Beide redeten sich heraus, statt zu bekennen.

Zitieren wir nochmals Billy Sunday: »Eine Ausrede ist die Hülle einer mit Lüge gefüllten Begründung.« Ja, Eva gab Adam die Frucht, weil die Schlange sie betrogen hatte, doch dies war für Adam kein Grund, Gott ungehorsam zu sein. Wenn Menschen anfangen, sich herauszureden, wird deutlich, dass sie das ungeheuere Ausmaß ihrer Sünden nicht erkennen oder sie nicht bekennen und bereuen wollen. Wenn Sünder irgendein Hintertürchen finden können, rennen sie so schnell wie möglich, um dadurch zu entkommen!

5. Die Strafe (1Mo 3,14-19)

Gottes Liebe zu den Sündern beseitigt keineswegs seinen heiligen Hass gegenüber der Sünde. Ja, es stimmt: *»Gott ist Liebe«* (1Jo 4,8.16), doch genauso gilt, dass *»Gott Licht ist«* (1,5). Ein heiliger Gott muss mit Sünde abrechnen, damit dem Sünder geholfen und sein Name verherrlicht wird.

Die Schlange (V. 14-15). Zuerst sprach Gott das Urteil über die Schlange und dann über den Teufel, der die Schlange als Werkzeug benutzt hatte. Anscheinend ging das von Satan missbrauchte Geschöpf ursprünglich aufrecht, denn es heißt, dass Gott es demütigte, indem er es in den Staub verbannte (Ps 72,9; Jes 49,23; Mi 7,17). Gott verfluchte die Schlange und den Erdboden (1Mo 3,17), nicht aber Adam und Eva.

Gottes Worte an Satan (V. 15) werden als *Protoevangelium* (»erstes Evangelium«) bezeichnet, weil dies die erste Ankündigung des kommenden Erlösers beinhaltet, die in der Bibel zu finden ist. Für Gottes Volk des Alten Bundes war dieser Vers ein Hoffnungsstrahl (Gal 4,1-4), während er für Satan Gottes Kriegserklärung bedeutete, die in seiner Verdammung gipfelte (Röm 16,20). Für Eva schließlich umfasste er die Zusicherung, dass sie Vergebung erfahren hatte und dass Gott durch eine Frau den Erlöser auf die Welt bringen würde (1Tim 2,13-15).

Die Nachkommenschaft (»Same«) der Schlange und der Frau verkörpern Satans Abkömmlinge und Gotteskinder. Im Gleichnis vom Unkraut (Mt 13,24-30.36-43) sagt Jesus eindeutig, dass Satan »Söhne« hat – Menschen, die zwar bekennen, echte Gläubige zu sein, aber im Grunde Fälschungen sind. Das Gleichnis lässt erkennen, dass immer dort, wo Gott ein wahres Kind des Reiches »einpflanzt«, Satan daherkommt und eine Fälschung einpflanzt. Die beiden wachsen zusammen und werden erst bei der Ernte am Ende des Zeitalters voneinander getrennt.

Dies sind Menschen, die Jesus Christus ablehnen und sich selbstsicher auf ihre eigene religiöse Gerechtigkeit stützen, um in den Himmel zu kommen. Die Pharisäer waren nach Johannes dem Täufer *»Otternbrut«* (Mt 3,7-10). Neben dieser Bezeichnung (Mt12,34; 23,33) waren sie für Jesus Kinder des Teufels (Joh 8,44; vgl. 1Jo 3,10) bzw. *»Heuchler«* (Mt 23,15.29). Es wird nicht berichtet, dass Jesus die Zöllner und Sünder je »Kinder des Teufels« nannte. Er verwandte diese Bezeichnung ausschließlich für die selbstgerechten Pharisäer, die ihn kreuzigten.

Daher hat es in der gesamten Geschichte einen Konflikt zwischen Satan und Gott, zwischen Satans Kindern und Gotteskindern, gegeben. Wir werden im nächsten Kapitel herausfinden, dass der Kampf weiterging, als Kain Abel ermordete, denn Kain war *»aus dem Bösen«* (1Jo 3,12), d.h. ein Kind des Teufels. Im Laufe der Geschichte Israels waren die Feinde der wahren Propheten diejenigen, *die im Namen Jahwes weissagten.*

Sowohl Jesus als auch Paulus stellten Irrlehrer als Heuchler, als Wölfe in Schafskleidern (Mt 7,13-15; Apg 20,28-31), dar. Satan, der Meister der Fälschung, hat stets seine Kinder gehabt, die bereit waren, sich dem Volk Gottes entgegenzustellen. Am Ende des Zeitalters wird dies in der Auseinandersetzung Christus kontra Antichrist, der Meisterfälschung Satans (2Thes 2; Offb 13), gipfeln.[11] Am Kreuz »zermalmte« Satan Christi Ferse, doch indem Christus starb und auferstand, zermalmte er Satans Kopf. Damit trug er den vollständigen Sieg über ihn davon (Eph 1,17-23; Kol 2,14-15).

Die Frau (V. 16). Gott bekräftigte seine an Eva gerichtete Hoffnungsbotschaft durch die Zusicherung, dass sie Kinder gebären und daher nicht sofort sterben würde.[12] Doch das besondere Vorrecht der Frau als Gebärerin (und damit letztendlich als diejenige, die den Erlöser zur Welt bringen sollte) würde mit vielfältigen Schmerzen in der Schwangerschaft sowie mit Unterordnung unter ihren Mann verbunden sein. Diese Unterordnung wird nicht als Teil eines Fluches oder als

Mandat für Ehemänner gesehen, unumschränkt über ihre Frauen zu herrschen. Das Neue Testament verdeutlicht, dass Ehemänner und -frauen, die einander lieben und mit dem Geist erfüllt sind, gegenseitig Rücksicht nehmen (Eph 5,18 ff.; 1Kor 7,1-6).

Der Mann (V. 17-19). Eva sollte Schmerzen haben, wenn die Geburtswehen einsetzen würden, doch Adam würde sich bei seiner täglichen Arbeit auf dem Feld abmühen müssen. Während er arbeiten würde, um sein Brot zu verdienen, sollte Adam auf Hindernisse stoßen. Er würde sich abmühen und schwitzen müssen, um Ernten einzubringen. Dies würde ihn an seinen Ungehorsam erinnern, der die Schöpfung nachhaltig beeinflusst hatte (Röm 8,18-23). Darüber hinaus würde er, während er den Boden bestellte, daran denken, dass er eines Tages sterben und zum Erdboden, aus dem er gebildet worden war, zurückkehren müsste. Nach seiner kreativen Tätigkeit als Gärtner wurde er nun zu einem schuftenden Schwerarbeiter.

6. Die Hoffnung auf Wiederherstellung (1Mo 3,20-24)

Wegen seines Wesens und Gebots musste Gott Sünde richten, doch um seines geliebten Sohnes willen ist Gott bereit, Sünde zu vergeben. Denken wir daran, dass Jesus das *»geschlachtete Lamm von Grundlegung der Welt an«* ist (Offb 13,8; siehe Apg 2,23; 4,27-28). Gott hatte also bereits Vorkehrungen für Vergebung und Rettung getroffen.

Ein neuer Name (V. 20). Adam glaubte Gottes Verheißungen (V. 15-16) und nannte seine Frau *»Eva«*, was »die Lebendige« bedeutet. Der Glaube nimmt Gott einfach beim Wort und handelt dementsprechend.

Neue Kleider (V. 21). Gottes Antwort auf Adams und Evas Glauben bestand darin, ihre dürftigen, selbstgefertigten Schurze wegzunehmen und ihnen passende Kleider zu geben, die er selbst bereitgestellt hatte (Jes 61,10). Unschuldige Tiere mussten sterben, damit das erste Menschenpaar einen neuen Anfang wagen und wieder in die Gemeinschaft mit dem Herrn zurückfinden konnte. Dies ist ein Bild für das, was Jesus für Sünder am Kreuz tat, als er für eine sündige Welt starb (2Kor 5,21).

Ein neuer Lebensraum (V. 22-24). Hätten Adam und Eva von dem Baum des Lebens gegessen, wären sie zu einem ewigen Leben als Sünder auf Erden mit einer düsteren Zukunft verurteilt gewesen. Sie mussten eines Tages sterben, denn *»der Lohn der Sünde ist der Tod«* (Röm 6,23). Daher verbannte der Herr das erste Menschenpaar aus dem Garten, ja in 1. Mose 3,24 heißt es, dass er sie daraus vertrieb (siehe 4,14 und 21,10). Gott setzte Engel als Wachen an den Eingang des Gartens, um zu gewährleisten, dass Adam und Eva nicht versuchen würden, ihn erneut zu betreten. Der Weg zum *»Baum des Lebens«* würde eines Tages von Jesus Christus aufgrund seines Todes am Kreuz (Joh 14,6; Hebr 10,1-25; Offb 2,7; 22,1-2.14.19) wieder freigemacht werden.[13]

Das tägliche Leben außerhalb des Gartens würde jetzt für Mann und Frau zu einer ständigen Mühe um ihr Brot und die Erziehung ihrer Kinder werden. Sie konnten noch immer Gemeinschaft mit Gott haben, würden aber täglich die Konsequenzen ihrer Sünde tragen, wobei es ihren Nachkommen ebenso ergehen würde. Das Gesetz der Sünde und des Todes würde jetzt bis ans Ende der Zeit in der Menschheit wirken, doch Tod und Auferstehung des Erretters sollten ein neues Gesetz einführen: *»Denn das Gesetz des Geistes des Lebens in Christus Jesus hat dich freigemacht von dem Gesetz der Sünde und des Todes«* (Röm 8,2).

SECHS

1. Mose 4,1-24

Kain im Mittelpunkt

»Die ganze Welt ist Bühne, und alle Frau'n und Männer bloße Spieler«, schrieb Shakespeare, »sie treten auf und gehen wieder ab, sein Leben lang spielt einer manche Rollen.«[1]

Erinnern Sie sich an diese bekannten Worte aus dem Literaturunterricht? Shakespeare hatte recht: Wir müssen im Leben viele Rollen spielen, da wir von Zeit zu Zeit mit unterschiedlichen Menschen Kontakt haben und mit verschiedenen Umständen konfrontiert werden. Das Wichtigste ist, dass wir es Gott überlassen, das Drehbuch zu schreiben, die Mitwirkenden auszuwählen und die Regie zu führen. Wenn wir ihn ignorieren und versuchen, die Lebensstory selbst zu gestalten, wird sie ein tragisches Ende nehmen.

Kain, das erste Kind auf der Bühne »Planet Erde« richtete sich selbst zugrunde. Er ignorierte Gottes Drehbuch, indem er »tat, was er wollte« und verdarb alles. 1. Mose 4 stellt Kain ins Rampenlicht. Er wird dreizehnmal erwähnt, wobei Abel fünfmal als sein (Kains) Bruder genannt wird. Wenn Sie sich Kains Leben und einige seiner Rollen ansehen, verstehen Sie besser, wie wichtig es für uns ist, Gott zu kennen und seinen Willen zu tun.

1. Der Bruder (1Mo 4,1-2a)

Gott gebot unseren Stammeltern: *»Seid fruchtbar und vermehrt euch, und füllt die Erde«* (Kap. 1,28). Sie gehorchten diesem Auftrag (Kap. 5,4). Obwohl es stimmt, dass der Zweck einer Ehe nicht nur darin besteht, eine Familie zu gründen und nicht jeder Ehe Kinder geschenkt sind, ist es ebenso wahr, dass Kinder ein kostbares göttliches Geschenk darstellen (Kap. 33,5; 48,9; Ps 127,3) und freudig willkommen geheißen werden sollten. Die Israeliten im Alten Testament und die Christen in der Gemeinde des ersten Jahrhunderts würden über die heutigen Abtreibungsstatistiken und die Grundeinstellungen derer, die sie anfertigen, entsetzt sein.

In dem Namen »*Kain*« klingt das hebräische Wort für »erworben« an. Eva pries Gott dafür, dass er ihr über ihre erste Schwangerschaft hinweggeholfen hatte. Schließlich war dies für sie eine neue Erfahrung, wobei ihr kein Arzt und keine Hebamme helfend zur Seite standen. Nach ihrer zweiten Schwangerschaft brachte sie Abel zur Welt. Sein Name bedeutet »Hauch« und steht für das Wort, das im Buch Prediger mindestens 30-mal mit »Nichtigkeit« übersetzt wird. Kains Name erinnert uns daran, dass das Leben von Gott kommt, während Abels Name davon kündet, wie kurz das Leben ist.

Das erste Buch Mose ist ein »Buch der Familiengeschichte« und beinhaltet zahlreiche Stellen über Brüderpaare. Als erstgeborener Sohn war Kain etwas Besonderes, doch aufgrund seiner Sünde verlor er alles, so dass Set seine Stelle einnahm (1Mo 4,25). Obwohl Ismael Abrahams Erstgeborener war, überging Gott ihn und erwählte Isaak. Esau war Isaaks erstgeborener Sohn, wurde aber zugunsten von Jakob verworfen. An die Stelle von Jakobs erstgeborenem Sohn Ruben traten die beiden Söhne Josephs (1Mo 49,3-4; 1Chr 5,1-2). Ja, Gott änderte sogar die Geburtenfolge der Söhne Josephs (1Mo 48,8-22). In der gesamten alttestamentlichen Geschichte zeigt sich Gottes Souveränität darin, wen er als diejenigen erwählt, die seinen Segen empfangen, denn alles, was wir erhalten, ist Ausdruck göttlicher Gnade.

Geschwisterliche Rivalitäten stellen ein anderes Thema im ersten Buch Mose dar. Es kam zum Streit zwischen Ismael und Isaak; Jakob verließ sein Zuhause, damit Esau ihn nicht töten konnte, und Josephs Brüder beabsichtigten, ihn umzubringen, beschlossen dann aber, ihn als Sklaven zu verkaufen. Als Sünde in die Menschheit kam, führte das zu funktionell gestörten und zerrütteten Familien. Nur der Herr kann wieder Harmonie in die Familien bringen.

2. Der Ackerbauer (1Mo 4,2b)

Als seine Söhne älter wurden, nahm Adam sie aufs Feld zur Arbeit mit. Dabei wurde im Laufe der Jahre deutlich, dass jeder Junge seine eigenen Interessen und Fähigkeiten hatte. Kain wurde Ackerbauer, während Abel Hirte wurde – der erste der vielen in der Bibel vorkommenden Hirten, zu denen Abraham, Isaak, Jakob und seine Söhne, Mose sowie David gehören.

Adam lehrte seine Söhne bestimmt, warum sie arbeiteten: Arbeit gehörte zum Schöpfungsauftrag Gottes, in dessen Rahmen sie Mitarbeiter Gottes waren (Kap. 1,26-31). Arbeit beinhaltet keine Strafe Gottes infolge der Sünde, denn Adam hatte bereits im Garten zu arbeiten, bevor er und seine Frau der satanischen Versuchung erlagen. Der biblische Grundgedanke bezüglich der Arbeit besteht darin, dass wir das Vorrecht besitzen, mit Gott zusammenzuarbeiten, indem wir seine Schöpfungsgaben zum Nutzen der Menschen und zu seiner Ehre gebrauchen (siehe Kol 3,22-23; 1Thes 4,11-12; Pred 9,10).

Arbeit umfasst nach dem Willen Gottes keinen Fluch, sondern vielmehr einen Segen. »*Sechs Tage sollst du arbeiten und all deine Arbeit tun*« (2Mo 20,9) gehörte genauso zu Gottes Geboten für Israel wie sein Gebot, am Sabbattag zu ruhen. Die Bibel hat für Faulheit oder für Müßiggänger, die damit rechnen, von anderen versorgt zu werden, kein freundliches Wort übrig (2Thes 3,6-15). Bevor er seinen öffentlichen Dienst begann, arbeitete Jesus als Zimmermann (Mk 6,3), während der Apostel Paulus als Zeltmacher tätig war, wenn er nicht auf Reisen war oder predigte (Apg 18,1-3).

Als Christen arbeiten wir nicht nur, um unsere Rechnungen bezahlen und für unsere Bedürfnisse sorgen zu können. Wir arbeiten vielmehr, weil dies der gottgewollte Weg ist, ihm und anderen dienen und ihn somit in unserem Leben ehren zu können (1Kor 10,31). Wir arbeiten nicht nur, um unseren Lebensunterhalt zu bestreiten, sondern vielmehr, um unser Leben zu gestalten, um unsere gottgegebenen Fähigkeiten zu entfalten und um herauszufinden, wie unsere Arbeit besser und schneller vonstatten gehen kann. Martin Luther sagte den Melkerinnen, dass sie die Kühe zur Ehre Gottes melken könnten. Theodore Roosevelt sagte, dass »die beste Auszeichnung, die das Leben bietet, die Möglichkeit ist, an einem wertvollen Vorhaben hart zu arbeiten.« Vielleicht fragten die Jungen ihren Vater, warum ihre Arbeit so schwierig sei, so dass Adam erklären musste, dass Gott den Erdboden aufgrund seines Ungehorsams verflucht hatte. *»Im Schweiße deines Angesichts wirst du dein Brot essen«*, lautete Gottes Urteil (1Mo 3,17-19), und daran kam kein Mensch vorbei. Doch diese Frage bot Adam die Möglichkeit, seine Söhne daran zu erinnern, dass Gott einen Erlöser und einen Tag verheißen hatte, an dem die Schöpfung aus der Knechtschaft der Sünde befreit werden würde (Kap. 3,15).

3. Der Anbeter (1Mo 4,3-7)

Adam und Eva hatten gelernt, Gott während jener wunderbaren Zeit im Garten anzubeten, bevor aufgrund des Einbruchs der Sünde ihr Leben erschwert und der Erdboden verflucht wurde. Bestimmt hatten sie ihren Kindern vom Herrn und davon erzählt, wie wichtig es ist, ihn anzubeten. Tätige Menschen müssen Anbeter sein, denn sonst können sie Götzendiener werden, die sich auf die Gaben und nicht auf den Geber konzentrieren und vergessen, dass Gott die Kraft zur Arbeit und zum Vermögenserwerb gibt (5Mo 8,10-20).

Als Gott Adam und Eva mit Röcken aus Fell bekleidete (1Mo 3,21), vermittelte er ihnen vielleicht Lektionen im Blick auf Opfer und Blutvergießen – Wahrheiten, die sie ihren Kindern mitgeteilt haben könnten. Worin wahre Anbetung besteht, müssen wir von Gott selbst lernen, denn er allein hat das Recht festzulegen, wie wir ihm nahen und ihm als Anbeter wohlgefällig sein können.

Gott nahm Abel und sein Opfer an, wobei er dies vielleicht dadurch erkennen ließ, dass er Feuer vom Himmel sandte, das die Tiere verzehrte (3Mo 9,24; 1Chr 18,38; 1Chr 21,26). Er verwarf jedoch Kain und sein Opfer. Kain wurde nicht aufgrund seines Opfers, sondern vielmehr das Opfer infolge des Opfernden verworfen: Kains Herz befand sich nicht in der rechten Stellung vor Gott. *»Durch Glauben«* brachte Abel ein besseres Opfer dar als Kain (Hebr 11,4). Dies bedeutet, dass er an Gott glaubte und die rechte Beziehung zu Gott hatte.

Da das mosaische Gesetz in späteren Jahren die Darbringung von

Speisopfern und Feldfrüchten vorschrieb (3Mo 2; 5Mo 26,1-11), spricht einiges dafür, dass solche Opfer von Anfang an wohlannehmlich waren. Doch selbst wenn Kain Tiere geopfert und ihr Blut vergossen hätte, wären sie aufgrund der Herzensverfassung Kains von Gott nicht angenommen worden. Abel brachte das Beste von seinem Besitz dar und wollte vor Gott wirklich wohlannehmlich sein, doch Kain fehlte diese Haltung des Glaubens. *»Siehe, Gehorchen ist besser als Schlachtopfer, Aufmerken besser als das Fett der Widder«* (1Sam 15,22; siehe auch Jes 1,11-13; Hos 6,6; Mi 6,6-8; Mk 12,28-34).

Die Tatsache, dass Menschen Gottesdienste besuchen und sich an gemeindlichen Aktivitäten beteiligen, ist kein Beweis dafür, dass sie wahre Gläubige sind. Es ist möglich, *»eine Form der Gottseligkeit«* zu besitzen, aber nie ihre errettende Kraft zu erfahren (2Tim 3,5). *»Dieses Volk* (naht sich) *mit seinem Mund … und* (ehrt mich) *mit seinen Lippen …, aber* (es hält) *sein Herz fern von mir«* (Jes 29,13; Mt 15,8). Die kostspieligsten Opfer können einen Anbeter ohne Herzensgehorsam niemals in die rechte Stellung vor Gott bringen (Ps 51,18-19). *»Der Weg Kains«* (Jud 11) besteht aus Eigenwillen und Unglauben.

Als Gott Kains Opfer verwarf, wurde dieser sehr zornig (das hebräische Wort lässt darauf schließen, dass »sein Zorn entbrannte«). Gott sprach persönlich zu ihm und versuchte, ihn auf den Weg des Glaubens zurückzubringen, doch Kain sträubte sich. In gleicher Weise schenkt uns der Herr eine zweite Möglichkeit, ihm zu gehorchen, doch jeder, der seine gnadenreiche Hilfe ablehnt, gleicht einem verstockten Sünder.

Der Herr machte Kain darauf aufmerksam, dass die Versuchung einem wilden Tier glich, das vor der Tür seines Lebens lauerte. Er hätte sie lieber nicht öffnen sollen. Es ist gefährlich, wenn wir einen Groll hegen oder in unserem Herzen verbittern, weil all dies von Satan genutzt werden kann, uns in Versuchung und Sünde zu führen. Dies meinte Paulus, als er schrieb: *»Und gebt dem Teufel keinen Raum«* (Eph 4,27). Wenn wir nicht aufpassen, bringen wir uns in Versuchung und richten uns selbst zugrunde.

4. Der Mörder (1Mo 4,8-10)

Wir können unsere Beziehung zu Gott nicht von der Beziehung zu unseren Brüdern und Schwestern trennen (dies schließt die Brüder und Schwestern im wörtlichen Sinne sowie die Geschwister im Herrn ein). Eine solch unversöhnliche Gesinnung, wie sie von Kain Besitz ergriffen hatte, verhindert die Anbetung und zerstört unsere Gemeinschaft mit Gott und dem Volk Gottes (Mt 5,21-26; 6,14-15). Es ist besser, unsere Anbetung zu unterbrechen und mit einem Bruder ins Reine zu kommen, als unser Opfer durch eine unheilvolle Gesinnung zu verunreinigen.

Mord (V. 8). Zorn beinhaltet eine starke Emotion, die zu Gewalt und sogar Mord führen kann. Jesus lehrte, dass Zorn im Herzen moralisch gesehen genauso schlimm ist wie ausgeführter Mord (Mt 5,21-26). Jedes Jahr verursachen wütende Autofahrer Unfälle, die 28.000 Menschen auf US-amerikanischen Landstraßen das Leben kosten. Amokläufer, die ihren Arbeitsplatz verloren haben, bringen jährlich Hunderte unschuldiger Menschen um. Hätte Kain auf Gottes Warnung gehört und seine gnadenreiche Einladung angenommen (1Mo 4,7), wäre er nie zum Mörder geworden.

Hat Kain, nachdem seine Anbetung verworfen wurde, sofort gehandelt, indem er seinen Bruder von zuhause weglockte und ihn tötete? Geschah dies noch am gleichen Tag? Oder grübelte er mehrere Tage über dieser Angelegenheit? Vermutlich hatte er seinen Bruder im Herzen bereits mehrmals umgebracht, bevor er die eigentliche Tat beging. Er beneidete seinen Bruder wegen dessen Beziehung zu Gott (1Jo 3,12). Trotzdem war Kain nicht bereit, mit Gott ins Reine zu kommen. Wenn wir andere hassen, ist dies ein Zeichen dafür, dass wir nicht im Licht wandeln (1Jo 2,9-11) und Gottes Liebe nicht in unserem Herzen haben (1Jo 3,10-16).

Lüge (V. 9-10). Kain war ein Kind des Teufels (1Jo 3,12; vgl. 3,10).[2] Dies bedeutet, dass er ein Mörder und Lügner war (Joh 8,44). Er belog seinen Bruder, als er ihn zu dem Ort lockte, wo er ihn umbrachte. Er machte sich etwas vor, als er dachte, er könne solch eine böse Tat begehen und ungestraft davonkommen. Kain versuchte sogar, Gott zu belügen und seine bösen Taten zu vertuschen![3]

Es gibt eine eindeutige Parallele zwischen Gottes Handeln mit Kain in 1. Mose 4 und seinem Handeln mit Adam und Eva in Kapitel 3. In beiden Fällen stellte der Herr Fragen – nicht um Auskünfte zu erhalten (er ist ja allwissend), sondern um den Schuldigen die Möglichkeit zu geben, die Wahrheit zu sagen und ihre Sünden zu bekennen. In beiden Fällen wichen die Sünder aus und versuchten, die von ihnen begangenen Taten zu verbergen, doch beide Male brachte Gott ihre Sünden ans Licht, so dass sie schließlich ihre Schuld eingestehen mussten.

Adam und Eva versteckten sich, als sie Gottes Stimme hörten (V. 8), doch Gott hörte, wie die Stimme von Abels Blut (A.d.Ü.: vgl. Anm. Rev. Elberf) vom Erdboden her schrie, ohne dass Kain ein Versteck fand.[4] Das Vergießen von unschuldigem Blut verunreinigt das Land (4Mo 35,30-34), wobei dieses Blut nach Gerechtigkeit schreit (Hi 16,18; Jes 26,21; Offb 6,9- 10).[5] Adam und Eva wurden aus dem Garten vertrieben, während Kain ein ausgestoßener Flüchtling auf Erden wurde.

Je mehr man über Kains Sünde nachdenkt, desto verabscheuungswürdiger wird sie. Der Mord geschah nicht aus einer plötzlichen Erregung heraus, sondern war vielmehr vorsätzlich geplant. Kain brachte keinen Fremden in Notwehr um, sondern ermordete aus Neid und Hass seinen eigenen Bruder. Außerdem tat Kain dies, nachdem er auf seinem Altar Gott geopfert hatte, und ignorierte dabei Gottes Warnung und die Möglichkeit zur Umkehr. Als Kain schließlich die furchtbare Tat begangen hatte, war für ihn scheinbar alles halb so schlimm, wobei er versuchte, sich durch Lügen herauszuwinden.

5. Der Umherirrende (1Mo 4,11-15)

Ein Landstreicher hat kein Zuhause, während ein Flüchtling von zuhause wegläuft und als Fremder in der Ferne statt zuhause lebt. Anders ein Pilger: Sein Ziel ist die Heimat. *»Das Leben und den Tod habe ich dir vorgelegt, den Segen und den Fluch! So wähle das Leben«* (5Mo 30,19). Kain traf die falsche Entscheidung. Statt in seinem Leben ein Pilger zu sein, wurde er zu einem Fremden und Flüchtling, der auf Erden umherirrte.

Gottes Fluch (V. 12). Jahwe hatte die Schlange (Kap. 3,14) und den Erdboden verflucht (V. 17), nicht aber Adam und Eva. Er verfluchte jedoch ihren Sohn Kain, der ein Kind des Teufels (der Schlange) war. Nachdem Kain mit dem Blut seines Bruders den Erdboden verunreinigt hatte, verweigerte ihm der Boden jetzt seinen Ertrag. Wenn sich Adam tagtäglich mühte und anstrengte, würde er eine Ernte einbringen können (V. 17-19), doch Kain würde nie wieder die Früchte seiner Arbeit sehen. Daher war er außerstande, Ackerbauer zu bleiben. Er konnte nur von Ort zu Ort irren und ein jämmerliches Dasein fristen.

Kains Selbstmitleid (V. 13-14). Kain tat angesichts seiner Sünden nie Buße. Seine Worte zeigen nur, dass er zerknirscht war und sein Los bedauerte. Er sagte nicht: »Meine Schuld ist größer, als ich tragen kann.« Ihm ging es nur um seine Strafe, nicht um seine Wesensart. Wenn er von Ort zu Ort irrte, würde er in Gefahr sein, aber wenn er an einem Ort bleiben würde, wäre er dem Hungertod preisgegeben. Der Erdboden hatte sich genauso gegen ihn gewandt wie Gott[6], und auch die Menschen würden sich gegen ihn wenden. Jeder, dem Kain begegnen sollte, würde ein Verwandter sein, der womöglich Abels Mord rächen wollte. Was konnte er tun?

Dadurch, dass er seinen Bruder gehasst und ermordet hatte und keine Buße tun wollte, war das Leben für Kain unerträglich geworden. Er hatte sich der Versuchung geöffnet (4,7) und damit gleichzeitig den Weg zu seiner Familie, zu Gott und in seine Zukunft verschlossen. Ungeachtet dessen, wo er lebte und was er tat – Kain würde stets ein ruheloser Mensch sein, für den es keinen Ausweg gab.

Gottes Barmherzigkeit (V. 15). Gott tat etwas Seltsames: Er machte an Kain ein Zeichen, das ihn vor den Angriffen der Menschen schützen würde, die ihn töten wollten. Wir wissen nicht, worin dieses Zeichen bestand oder woran Menschen es als Siegel erkannten, mit dem Gott ihn schützte, doch es wurde beachtet. Dies war nichts als ein Akt göttlicher Barmherzigkeit.

Warum ließ Gott einen hinterhältigen Mörder wie Kain frei ausgehen? In seiner Barmherzigkeit gibt Gott uns nicht das, was wir verdienen, während er in seiner Gnade uns das gibt, was wir nicht verdienen. Darin besteht das Wesen Gottes. Gott schonte Kains Leben, *doch damit war noch nicht alles über sein Leben gesagt*. Auf Kain, der schließlich sterben würde, sollte *»danach … das Gericht«* warten (Hebr 9,27). Die gesamte Zivilisation, die auf ihn zurückging, wurde in der Sintflut zerstört, wobei der Bericht über sein Leben in der Heiligen Schrift als Warnung für jeden steht, der als Heuchler anbetet, mit der Sünde spielt und Versuchung nicht ernst nimmt. *»Der Weg Kains«* (Jud 11) ist nicht der schmale Weg, der zum Leben führt (Mt 7,13-14).

6. Der Erbauer (1Mo 4,16-24)

Gott hielt Wort und schützte Kain, als dieser umherirrte. Eines Tages fand Kain einen Ort, der ihm als Stätte zur Ansiedlung geeignet erschien. So beschloss er, eine Stadt zu bauen. Aus der Erde würde Kain in seiner Arbeit als Ackerbauer nichts gewinnen können, doch Kain konnte *auf der Erde* arbeiten, bauen und Ziele erreichen. Kain hörte jedoch nie auf, Flüchtling zu sein, denn der Name des Landes, wo er sich niederließ, bedeutet »Umherirren«. Sein Bürgerrecht war nicht im Himmel (Phil 3,20-21), genauso wenig wie seine Hoffnung darin bestand, die himmlische Stadt zu erreichen (Hebr 11,9-16). Der einzige Himmel, den Kain kannte, war seine Stadt auf Erden.[7]

War Kain verheiratet, bevor er von Eden fortzog, oder fand er eine Frau, während er umherstreifte? Sagte er ihr, dass er seinen Bruder ermordet hatte? Wir wissen es nicht, doch ganz bestimmt musste er ihr das Zeichen erklären, das Gott an ihm gemacht hatte. Es war normal, dass sich Kain eine Frau suchte, denn er wollte nicht nur eine Stadt erbauen, sondern darüber hinaus auch eine Familie gründen. Wie hätte man an seinen Namen gedacht, wenn nicht in der Erinnerung seiner Nachkommen? Kain wusste nicht, dass sein Name und seine bösen Taten im Wort Gottes niedergeschrieben werden würden, so dass jeder darüber lesen konnte.

Kains Frau gebar ihm einen Sohn namens Henoch – ein Name, der mit dem hebräischen Wort für »geweiht« verwandt ist. Obwohl Kain seine Stadt nach seinem Sohn benannte, wird uns nicht gesagt, wem oder für welchen Zweck die Stadt geweiht war. Es werden sechs Generationen der Nachkommen Kains erwähnt (1Mo 4,17-22), von denen einige berühmt waren.

Lamech hatte als erster zwei Frauen. Er war außerdem ein überheblicher Mensch und ein Mörder. Warum oder wie der junge Mann ihn verwundete, wissen wir nicht, doch wieso sollte dieser wegen eines solchen Delikts getötet werden? Die Tatsache, dass Lamech Kains Schutz erwähnt (V. 24), lässt darauf schließen, dass Kains Lebensgeschichte von Generation zu Generation weitergegeben wurde. Damit wird ferner angedeutet, dass sich nach Lamechs Meinung Gottes Schutz auch auf ihn erstreckte. Wenn Gott einen Mörder wie Kain rächen würde, dann würde er sicher Lamech rächen, der »sich nur verteidigte«. Beachten wir, dass Lamech Gottes Schutz haben will, Gottes Namen jedoch nicht erwähnt.

Die Menschen in der Stadt Henoch hatten verschiedene Berufe. Einige schlossen sich Jabal an und kümmerten sich um die Herden (V. 20). Andere lernten von Jabals Bruder Jubal. Sie waren damit beschäftigt, Musikinstrumente anzufertigen und zu spielen (V. 21). Diejenigen, die Tubal-Kain gelehrt hatte, arbeiteten mit Metall (V. 22), was auf Herstellung von landwirtschaftlichen Geräten, Bauwerkzeugen und Waffen schließen lässt. Kain lebte in einer Gesellschaft, in der Kultur, Handwerk und Nahrungsmittelerzeugung aufblühten. In der Stadt Henoch hatte man alles – außer Gott.

Wenn man Kains Stammbaum neben das Geschlechtsregister Sets (Kap. 5) stellt, kommt man nicht umhin, die namensmäßige Ähnlichkeit festzustellen. Man findet Henoch und Enosch (V. 6) sowie einen zweiten Henoch (V. 18), Mehujael und Mahalel (V. 12), Metuschael und Metuschelach (V. 21) sowie Lamech und Lamech (V. 25). Der Lamech der Kainslinie hatte drei Söhne (Jabal, Jubal und Tubal-Kain), und auch Noah hatte drei Söhne (Sem, Ham und Jafet).

Was bedeutet diese namensmäßige Ähnlichkeit? Vielleicht will uns Gott damit sagen, dass in der gottlosen Linie Kains (mit ihrer Wesensverwandtschaft zu heutigen Menschen) alle Anstrengungen unternommen wurden, die gottesfürchtige Linie Sets nachzuahmen. Schließlich ist Satan der Meister der Fälschung. Er kann die Namen der wahren Gläubigen nachahmen, aber *er ist außerstande, solche Gläubigen hervorzubringen*. In beiden Stammbäumen gibt es einen Henoch, doch der kainitische Henoch wandelte nicht mit Gott. Er erlebte weder eine plötzliche Wegnahme noch die Aufnahme in den Himmel (V. 24)! »Was bedeutet schon ein Name?« Nichts, wenn man nicht den Herrn kennt und ihm gehört!

Doch die Tragödie besteht darin, dass diese beiden Linien – die gottlose Linie Kains und die gottesfürchtige Linie Sets – zusammenkamen und sich vermischten (Kap. 6,1-2). Die Trennwand wurde niedergerissen, was schließlich dazu führte, dass eine gottlose Gesellschaft entstand, deren Sünden das Gericht der Sintflut nach sich zogen. Die von Lamech initiierte Gewalt breitete sich aus (V. 5.11-12), und zur Zeit der Flut gab es nur noch acht Menschen, die Gottes Warnung glaubten und dementsprechend im Glauben handelten. Die übrigen wurden vernichtet.

Kains Stammbaum endet mit dem Geschlecht Lamechs (Kap. 4,19-24), einem überheblichen Mörder, auf dessen drei Söhne die Herstellung materieller Dinge zurückgeht, die weltweit Verwendung fanden. Sets Linie endet mit Noah (»Ruhe«), auf dessen drei Söhne die neue Menschheit nach der Sintflut zurückgeht. Die Welt jener Zeit bewunderte wahrscheinlich die Leistungen der Kainiten, doch Gott vertilgte sie von der Fläche des Erdbodens.

»Und die Welt vergeht und ihre Begierde; wer aber den Willen Gottes tut, bleibt in Ewigkeit« (1Jo 2,17).

SIEBEN

1. Mose 4,25 – 6,8

Schauen Sie Nach oben, wenn die Aussichten düster sind!

Die Sünde kam in die Menschheit, und es dauerte nicht lange, bis sich die von ihr hervorgebrachte Verderbnis ausbreitete und Gottes Schöpfung verunreinigte. Wie ein krebsartiges Geschwür infizierte das Böse die Zivilisation und trug den Tod auch in den letzten Winkel. Gottes Stellvertreter auf Erden, in seinem Bild erschaffen, konnten ihr eigenes Leben nicht bewältigen, geschweige denn gute Verwalter über Gottes Schöpfung sein. Alles begann, aus den Fugen zu geraten.

Dieser Abschnitt des ersten Buches Mose erfasst über 1.500 Jahre menschlicher Geschichte – Jahre, die von Sünde und Leid überschattet wurden. Doch wenn die Nacht am dunkelsten ist, scheinen die Sterne am hellsten, und wenn die Aussichten trostlos sind, sollte man zur Ermutigung nach oben schauen. Dreizehn unterschiedliche Menschen werden in diesem Abschnitt erwähnt, wobei sich vier von den übrigen abheben, weil sie mit einem besonderen Handeln Gottes zur Ermutigung seines Volkes verbunden sind. Diese vier waren Set, Enosch, Henoch und Noah.

1. Set – ein neuer, von Gott geschenkter Anfang (1Mo 4,25; 5,1-5)

Der einzige Lichtblick in dieser dunklen Zeit war Gottes Verheißung, dass eines Tages von der Frau ein Erlöser geboren werden würde, der die Schlange bezwingen sollte (Kap. 3,15). Doch da Abel tot war, konnte er kein Kind mehr zeugen, und Kain, der gottlose Mörder, war fortgezogen und hatte eine Stadt im Land Nod östlich von Eden erbaut. Würde Gottes Verheißung erfüllt werden. Wie konnte sie in Erfüllung gehen?

Gott ist in allen Dingen souverän. Seine Pläne werden durch die törichten und von Sünde gekennzeichneten Wege der Menschheit nicht durchkreuzt. Weil er der souveräne Gott ist, wirkt er *»alles nach dem Rat seines Willens«* (Eph 1,11). *»Unser Gott ist in den Himmeln; alles, was ihm wohlgefällt, tut er«* (Ps 115,3). Der Herr schenkte es, dass Eva empfing und einen Sohn gebar, den sie Set (»gewährt«) nannte, weil Gott ihn die Stelle Abels einnehmen ließ.

1. Mose 5 beinhaltet den ersten biblischen Stammbaum und stellt *»das Buch der Geschlechterfolge Adams«* (V. 1) vor. Zehn Generationen werden hier aufgezählt, die von Adam bis Noah reichen. Ebenso werden in *»der Geschlechterfolge Sems«* (Kap. 11,10-26) zehn Generationen von Sem bis Abraham aufgeführt.[1] Achtmal findet man in 1. Mose 5 die traurige Wendung *»... dann starb er«*, denn der Tod herrschte jetzt aufgrund der Sünde Adams über die Menschheit (Röm 5,12-17.21). Sünde und Tod herrschen noch heute, doch durch Jesus Christus können wir *»im Leben herrschen«* (V. 5,17.21).

In der biblischen Geschichte wandelte die Geburt eines Kindes sehr oft eine scheinbare Niederlage des Volkes Gottes in einen Sieg um. Während der schweren Zeit der Israeliten in Ägypten wurde Mose geboren, der zum Befreier seines Volkes wurde (2Mo 2,1-10). Als das prophetische Licht stark verdunkelt war, wurde Samuel geboren, um Israel zu Gottes Wort zurückzuführen (1Sam 1 – 3), und als sich im Reich unter Saul Auflösungstendenzen zeigten, schenkte Gott Isai einen Sohn namens David – den Mann, den Gott als nächsten König erwählt hatte (Rt 4,18-22; 1Sam 16). Als sich die Geschichte Israels auf ihrem bisherigen Tiefststand befand, wurde durch Gottes Gnade die von David ausgehende messianische Linie mit einem kleinen Jungen fortgesetzt (2Kö 11,1-3). Trotz der Attacken Satans und des Ungehorsams seines Volkes wirkte Gott in seiner Treue weiter, so dass seine Verheißung eines Erlösers in Erfüllung gehen konnte.

In diesem Bewusstsein sollten sich die Angehörigen des Volkes Gottes ermutigen lassen, wenn sie das zunehmende Abgleiten der Welt in Sünde und Rebellion sehen. Gott ist souverän und wird seine Ziele erreichen.

2. Enosch – Gemeinschaft mit Gott (1Mo 4,26; 5,6-11)

Set war 105 Jahre alt, als sein Sohn Enosch geboren wurde (5,6). *»Enosch«* bedeutet »Mensch« und kommt von einem hebräischen Wort, das »hinfällig, schwach« bedeutet. Es beinhaltet den für den Menschen gebrauchte Ausdruck, der hervorhebt, wie anfällig und schwach wir als Menschen in Wirklichkeit sind.

In Zusammenhang mit der Geburt dieses Jungen wird etwas Beachtliches festgehalten: Zu dieser Zeit fing man an, sich zu versammeln, um Gott anzubeten, seinen Namen auszurufen und um zu beten.[2] Die Nachkommen Sets besannen sich auf den Gottesdienst und das Gebet des Glaubens, als sie im Namen des Herrn zusammenkamen. Während sich die weltlichen Kainiten ihrer Macht und Tapferkeit rühmten (4,23-24), gaben die gottesfürchtigen Setiten dem Namen des Herrn die Ehre.

In der gesamten Geschichte des Gottesvolkes hat es einen gottesfürchtigen Überrest gegeben, der das Werk des Herrn in dieser Welt vorangetrieben hat. Von Zeit zu Zeit glitt Israel in Götzendienst und geistliche Trägheit ab, doch stets wurde ein Überrest erweckt, der die Fackel hochhielt. Wenn diese mutigen Menschen zu Gott um Rettung schrieen, antwortete er ihnen und erhörte ihre Gebete.

Nach der Sintflut bildeten die Überlebenden, Noahs Familie, den Überrest, den Gott gebrauchte, um die Erde zu bevölkern. Der Prophet Elia dachte, er sei der einzige, der Jahwe dient, doch zu Unrecht: 7.000 Menschen im Land waren dem Herrn treu geblieben (1Kö 19,9-18). Obwohl wir den Autor von Psalm 119 nicht kennen, steht fest, dass er dem gläubigen Überrest angehörte (V. 63), während die Propheten über diesen Überrest in ihrer Zeit schrieben (Jes 10,10-23; 37,31-32; Jer 11,23; Mi 4,7; Mal 3,16). Jesaja nannte einen seiner Söhne *»ein Rest wird umkehren«* (Jes 7,3), und tatsächlich: Ein Überrest kehrte nach der Babylonischen Gefangenschaft in das Land der Väter zurück. Gott gebrauchte sie, um den Tempel und die Stadt Jerusalem wieder aufzubauen und um die Juden als Volk im ethnischen Sinne fortbestehen zu lassen.

Wie viele Menschen braucht Gott, um einen Auftrag ausführen zu können? Zehn Gerechte in Sodom hätten die Stadt vor der Zerstörung retten können (1Mo 18,16 ff.), und Jesus sagte, dass er dort sei, wo nur zwei oder drei in seinem Namen versammelt sind (Mt 18,20). Jesus sandte zu Pfingsten den Heiligen Geist, um 120 Gläubige zu bevollmächtigen, während Paulus mit einer kleinen Mitarbeiterschaft aus dem Herrn völlig hingegebenen Männern und Frauen überall im Römischen Reich evangelisierte. Gott sieht stets auf den Überrest und erwartet von ihm, dass er betet, ihm vertraut und das Werk ausführt.

Wenn es daher so aussieht, als gehe das Werk des Herrn zugrunde, und wenn Sie sich vorkommen, als seien Sie der einzige Übriggebliebene, der Gott dient, dann denken Sie an Enosch und den gottesfürchtigen Überrest seiner Zeit, die den Herrn anriefen. *»Denn für den HERRN gibt es kein Hindernis, durch viele oder durch wenige zu helfen«* (1Sam 14,6).

3. Henoch – Wandel mit Gott (1Mo 5,12-27)

Vielleicht scheinen Menschen wie Kenan, Mahalalel und Jered für Gottes großen Heilsplan unwichtig zu sein, doch der Schein trügt: Sie sind »lebendige Bindeglieder« in der großen Generationenfolge, die von Set bis zur Geburt Jesu Christi reicht. Gottes Verheißung in 1. Mose 3,15 wäre nie in Erfüllung gegangen, wenn es nicht die Treue vieler gewöhnlicher Menschen gegeben hätte, die für uns lediglich fremde Namen in einem antiken Stammbaum zu sein scheinen.

Als Henoch 65 Jahre alt war, gebar ihm seine Frau einen Sohn, dem sie den Namen Metuschelach (»Mann des Speers«) gaben. Dies war ein Wendepunkt in Henochs Leben, weil er von da an begann, mit dem Herrn zu wandeln (Kap. 5,22.24; siehe 6,9). Konfrontierte Henoch die Verantwortung, einen Sohn in einer solch gottlosen Welt großzuziehen, mit dem Bewusstsein, dass er die Hilfe des Herrn brauchte? Oder gab Gott Henoch, als das Kind geboren wurde, einen Einblick in die Zukunft, so dass er wusste, dass die Sintflut kommen würde? Wir wissen es nicht, doch Tatsache ist, dass die Geburt dieses Kindes Henochs Leben veränderte.

Die Bedeutung des Namens Metuschelach ist unwichtig – im Gegensatz zu der Länge seines Lebens (969 Jahre). In dem Jahr, da Metuschelach starb, kam die Sintflut![3] Vielleicht teilte der Herr Henoch dies nach der Geburt des Kindes mit, so dass ihn dies nicht mehr losließ und er anfing, mit Gott zu wandeln und seinen Willen zu tun. *»Da dies alles so aufgelöst wird, was für Leute müsst ihr dann sein in heiligem Wandel und Gottseligkeit«* (2Petr 3,11). Die Tatsache, dass Jesus wiederkommt, um die Welt zu richten, sollte die Angehörigen des Volkes Gottes zu einem Leben in Heiligkeit und gehorsamem Dienst motivieren (1Jo 2,28 – 3,3).

Die ernüchternde Wendung *»… dann starb er«* wird für Henoch nicht gebraucht, weil er einer der beiden Männer in der Schrift ist, die nicht starben. Henoch wie auch Elia wurden nach dem Erdenleben direkt in den Himmel aufgenommen (2Kö 2,1-11). Einige Bibelausleger sehen in Henochs »Entrückung« vor dem Flutgericht ein Bild dafür, dass die Gemeinde in den Himmel aufgenommen wird, bevor Gott die Trübsal auf die Erde schickt (1Thes 4,13 – 5,11).

»Durch Glauben« wurde Henoch in den Himmel aufgenommen (Hebr 11,5). Er glaubte Gott, wandelte mit Gott und schied ab, um bei Gott zu sein. Dies umfasst ein Beispiel, dem wir alle folgen sollten. Stellen wir uns vor, wie schwierig es gewesen sein muss, während jener Jahre vor der Sintflut mit Gott zu wandeln! Damals herrschten Bosheit und Gewalt, wobei nur ein Überrest der Menschen Gott glaubte (1Mo 6,5). Doch Henochs Glaubensleben war keine Privatsache, denn er verkündigte unerschrocken, dass Gott kommen würde, um die Sünden der Welt zu richten (Jud 14-15). In seiner Zeit kam tatsächlich das Gericht der Sintflut, doch das von Henoch angekündigte Gericht wird erst dann eintreten, wenn Jesus Christus wiederkommt, indem er die himmlischen Heere anführt und über Satan sowie seine Heerscharen das Urteil spricht (Offb 19,11 ff.). Henochs Leben und Zeugnis erinnern uns daran, dass es möglich ist, inmitten *»eines verdrehten und verkehrten Geschlechts«* (Phil 2,15) Gott treu zu sein. Ungeachtet dessen, wie dunkel die Zeit ist oder wie schlimm die Nachrichten sind – wir besitzen die Verheißung der Wiederkunft unseres Herrn, die uns ermutigen und motivieren soll, gottgemäß zu leben. Eines Tages wird Sünde gerichtet werden. Dann werden die Angehörigen des Volkes Gottes für ihre Treue belohnt werden. Daher haben wir allen Grund, uns in unserem Wandel mit Gott ermutigen zu lassen.

4. Noah – Ruhe und Trost von Gott (1Mo 5,28 – 6,8)

Obwohl sie den gleichen Namen trugen, unterschieden sich der Lamech in der Setlinie und der Lamech aus dem Geschlecht der Kainiten (Kap. 4,18-24) radikal voneinander. Der Setit Lamech zeugte einen Sohn, Noah, der mit Gott wandelte (Kap. 6,9) und von Gott gebraucht wurde, um das Überleben der Menschheit zu sichern und die messianische Verheißung weiterzuführen. Der Kainit Lamech erschlug einen jungen Mann, der ihm eine Wunde zugefügt hatte, um anschließend vor seinen Frauen mit seiner bösen Tat zu prahlen.

Hoffnung (Kap. 5,28-32). Lamech ging es vor allem darum, dass die Menschheit inmitten einer gottlosen Welt Trost und Ruhe findet. In dieser Welt musste man sich abmühen und hart arbeiten, nur um am Leben bleiben zu können. Das Leben war schwer, wobei die einzige Hoffnung der wahren Gläubigen darin bestand, dass der verheißene Erlöser kommen würde. Lamech nannte seinen Sohn Noah – ein Name, worin das hebräische Wort für »Trost« anklingt. Er betete darum, dass dieser Sohn der Welt irgendwie die Ruhe und den Trost bringen würde – Dinge, die man so dringend brauchte. Jahrhunderte später würden ermüdete Menschen die Stimme Jesu hören. Er sagte: *»Kommt her zu mir, alle ihr Mühseligen und Beladenen! Und ich werde euch Ruhe geben«* (Mt 11,28).

Lamech war 682 und Noah 500 Jahre alt, als Noahs Sohn Jafet geboren wurde. Die Aufzählung in 1. Mose 5,32 entspricht nicht der Geburtenfolge der Söhne, weil Ham Noahs jüngster (Kap. 9,20-24) und Jafet sein ältester Sohn war (Kap. 10,21). Die Geburtenfolge lautet demnach: Jafet, Sem und Ham.

Kompromisse (Kap. 6,1-7). Obwohl Satan im ersten Buch Mose nach Kapitel 3 nicht namentlich erwähnt wird, sind er und seine dämonischen Heerscharen am Werk, indem sie alle Mittel anwenden, um zu verhindern, dass der verheißene Erlöser geboren wird. Darin bestand Satans Ziel während der gesamten alttestamentlichen Geschichte. Er wollte ja verhindern, dass ihm der Erretter den Kopf zermalmte (3,15)! Nachdem Gott Satan den Krieg erklärt hatte, beabsichtigte der Verführer zurückzuschlagen.

Eines der erfolgreichsten Mittel Satans ist der *Kompromiss*. Wenn er Angehörige des Volkes Gottes dazu verleiten kann, ihre Vorrechtsstellung der Trennung von Sünde und der Gemeinschaft mit Gott aufzugeben, kann er sie verunreinigen und in Sünde führen. Dies tat er im Blick auf die Israeliten im Land Moab (4Mo 25; Ps 106,28-31) und auch, nachdem sie das Land Kanaan erobert hatten (Ri 2; Ps 106,34-48). Die Propheten warnten das Volk Israel davor, mit der Abgötterei der Heiden ringsumher Kompromisse zu schließen, doch ihre Warnungen fanden kein Gehör. Daher musste das Volk schändliche Niederlagen erleben, die ihm seine Feinde beibrachten.

Worin bestand Satans Plan zur Bezwingung des Volkes Gottes in Noahs Zeit? Er verleitete die gottesfürchtige Linie Sets (*»die Söhne Gottes«*) dazu, sich mit der gottlosen Linie Kains (*»den Töchtern der Menschen«*) zu vermischen und damit ihre Hingabe an den Herrn aufzugeben. Dies beinhaltete die Versuchung, der auch Christen heute begegnen: Man freundet sich mit der Welt an (Jak 4,4), liebt die Welt (1Jo 2,15-17) und lebt nach den Maßstäben der Welt (Röm 12,2), statt von ihr abgesondert zu sein (2Kor 6,14 – 7,1). Natürlich kann dies dazu führen, dass man *»mit der Welt verurteilt«* wird (1Kor 11,32). Lot verkörpert ein Beispiel für diese Gefahr (1Mo 13; 19).

Einige Ausleger sehen Kapitel 6,1-7 als Einbruch gefallener Engel in die Welt an. Sie hätten sich Frauen genommen und ein Geschlecht von Riesen hervorgebracht.[4] Doch so interessant diese Theorie auch ist, sie schafft mehr Probleme als sie löst, wobei die sexuelle Vereinigung von geschlechtslosen Geistwesen mit Menschen von Fleisch und Blut eines der größten Probleme darstellt. Selbst wenn eine solche Vereinigung stattfand, fragt man sich, ob daraus Nachkommen hervorgehen konnten und warum dies ausgerechnet Riesen waren. Und wie haben diese *»Riesen«* (Nefilim; »Gefallene«) die Sintflut überlebt (V. 4; 4Mo 13,31-33)? Oder gab es einen zweiten Einbruch gefallener Engel nach der Flut?

Der Begriff *»Söhne Gottes«* bezieht sich in Hiob 1,6; 2,1; 38,7 tatsächlich auf Engel, doch dort handelt es sich um *nicht gefallene* Engel, die Gott treu dienen.[5] Selbst wenn gefallene Engel in menschlicher Gestalt erscheinen konnten, erhebt sich die Frage: Warum wollten sie Frauen heiraten und sich auf Erden ansiedeln? Bestimmt hätten ihre Frauen und Mitmenschen festgestellt, dass sie andersartige Wesen sind, was problematisch geworden wäre. Außerdem wird in 1. Mose 6 die Sünde des *Menschen* und nicht die Rebellion der Engel hervorgehoben. Das Wort *»Mensch«* wird in Vers 1-7 achtmal benutzt, wobei Gott eindeutig feststellt, dass das Gericht aufgrund dessen kam, was Menschen getan hatten. *»Und der HERR sah, dass die Bosheit des Menschen auf der Erde groß war«* (V. 5).

Die in Vers 3 genannte Grenze von 120 Jahren bezieht sich wahrscheinlich auf die Jahre bis zum Beginn der Sintflut. Gott hat gegenüber verlorenen Sündern Geduld, doch es kommt eine Zeit, da das Gericht hereinbrechen wird. Während jener »Gnadenzeit« baute Noah die Arche und legte Zeugnis davon ab, dass das Gericht kommen würde (2Petr 2,5) – die gleiche Botschaft, die Henoch während seines Lebens weitergegeben hatte (Jud 14-15). Obwohl Gott zwei Zeugen mit der Verkündigung seiner Botschaft beauftragte, wollten die Menschen nicht hören.

Das Wort *»Riesen«* in 1. Mose 6,4 ist eine Übersetzung des hebräischen Ausdrucks Nefilim mit der Bedeutung »Gefallene«. Nach Meinung einiger Befürworter der »Engeltheorie« von Kapitel 6 sind die Nefilim diejenigen gefallenen Engel, deren Kinder berühmte Herrscher wurden. Wie wir bereits gesehen haben, müssten diese Nefilim als Engel in menschlicher Gestalt entweder die Sintflut überlebt haben (weil die hebräischen Kundschafter sie in Kanaan sahen; 4Mo 13,31-33), oder aber bei einem zweiten Einbruch »gefallener Engel« nach der Flut wieder aufgetaucht sein. Beide Vorstellungen scheinen ausgeschlossen zu sein.

Die wahrscheinlichste Auslegung von 1. Mose 6,4 besteht darin, dass Gott die Menschen jener Zeit als »Gefallene« ansah, während diese Menschen in den Augen ihrer Zeitgenossen als mächtige Herrscher galten. Noch heute wird vieles von dem, was von der Welt bewundert wird, vom Herrn verworfen (Lk 16,15). Als die Setiten Kompromisse schlossen, indem sie sich mit den Kainiten vermischten, büßten sie den göttlichen Segen ein. Gott war traurig darüber, dass sie gottlose Kainitinnen heirateten, indem sie sich Frauen nach ihrem Belieben wählten, ohne Gottes Willen zu berücksichtigen (1Mo 6,2). Damit gefährdeten sie die Erfüllung der Verheißung aus 3,15. Wie hätte der göttlich gesandte Erlöser in die Welt hineingeboren werden sollen, wenn es nur gottlose Menschen gab? Die Menschen jener Zeit heirateten und wurden verheiratet (vgl. Mt 24,37-39) und dachten nicht an die Warnung, die Henoch und Noah bezüglich des künftigen Gerichts weitergegeben hatten. Die menschliche Geschichte war an einen Punkt gekommen, da nur Noah und seine Familie – acht Menschen – Gott glaubten und seinem Wort gehorchten. Gottes Geist rang um verlorene Menschen, doch diese widersetzten sich dem Ruf Gottes. Angesichts dessen, was der Mensch tat, war Gott tief betrübt (A.d.Ü.: vgl. Menge).[6]

Lesen wir Römer 1,18 ff. Dort wird beschrieben, wie die Zivilisation in jener Zeit aussah. Die Bosheit des Menschen war groß, wobei *ausnahmslos* alles, was er ersann und erdachte, *fortwährend* böse war. So verwundert es nicht, dass Gott beschloss, das Gericht hereinbrechen zu lassen.

Gnade (*V. 8*). Die einzige Möglichkeit, wie Menschen vor Gottes Zorn gerettet werden können, ist Gottes Gnade (Eph 2,8-9). Gnade ist jedoch keine göttliche Belohnung für ein Lebens des Glaubens, sondern vielmehr Gottes Antwort auf den rettenden Glauben: *»Durch Glauben baute Noah, als er eine göttliche Weisung über das, was noch nicht zu sehen war, empfangen hatte, von Furcht bewegt, eine Arche zur Rettung seines Hauses«* (Hebr 11,7). Wahrer Glaube schließt den ganzen inneren Menschen ein: Der Verstand versteht Gottes Weisung, das Herz lässt sich hinsichtlich des Kommenden von Ehrfurcht (vgl. Kap. 11,7; Zürcher) bewegen, und der Wille handelt im Gehorsam gegenüber Gottes Wort.

Wer Gottes Wahrheit versteht, aber nicht dementsprechend handelt, besitzt keinen biblischen Glauben – er stimmt lediglich intellektuell einer religiösen Wahrheit zu. Wer in eine emotionale Erregung versetzt ist, ohne Gottes Botschaft zu erfassen, glaubt ebenfalls nicht, weil wahrer Glaube darauf beruht, dass man die Wahrheit versteht (Mt 13,18-23). Wer im Verstand erleuchtet und im Herzen bewegt ist, aber nicht im Gehorsam gegenüber der Botschaft handelt, glaubt ebenso wenig, weil *»der Glaube ohne Werke tot«* ist (Jak 2,14-26). Am wahren biblischen Glauben sind sowohl Verstand als auch Herz und Wille beteiligt.

Jeder, der sich je von Sünde erretten ließ, hat diese Rettung *»aus Gnade … durch Glauben«* (vgl. Eph 2,8) erfahren, wobei dies die in Hebräer 11 aufgeführten alttestamentlichen Glaubenshelden einschließt.

Keiner wurde je gerettet, indem er Opfer darbrachte (Hebr 10,1-4; Ps 51,18-19), das Gesetz hielt (Gal 2,16) oder gute Werke tat (Röm 4,5). Die Errettung ist eine Gnadengabe, die man ablehnen oder durch Glauben annehmen kann. Wie Noah müssen wir alle *»Gunst in den Augen des HERRN«* finden (1Mo 6,8).

Acht

1. Mose 6,9 – 7,24

Ein Mann: sein Glaube, seine Familie

In den damaligen Zeiten war eine deutliche Zunahme von Gewalttaten und Verbrechen zu beobachten. Ansonsten ging es den Menschen ziemlich gut. Sie *»aßen, tranken und verheirateten«* sich (Mt 24,38), und das Leben ging seinen gewohnten Gang. Wenn sich Freunde auf dem Marktplatz oder bei Hochzeitsfesten trafen, lachten sie über Noah und seine Familie (»Stell dir vor, der baut auf dem Trockenen ein solch großes Schiff!«), diskutierten über Metuschelach, den ältesten Menschen der Welt (»Pass auf, der stirbt in der nächsten Zeit!«) oder sprachen über Henoch – den Mann, der plötzlich verschwand (»Seltsam, habe so etwas noch nie gehört!«).

Metuschelach war Noahs Großvater, und Noah wusste, dass mit seinem Tod das letzte Hindernis beseitigt war, bevor Gottes Gericht über eine gottlose Welt hereinbrechen konnte. Über ein Jahrhundert lang hatte Noah die Menschen vor dem kommenden Gericht gewarnt, doch nur seine Angehörigen glaubten ihm und vertrauten dem Herrn.

Metuschelach war gestorben, und das Angekündigte trat ein: Nachdem Noah und seine Familie in ihr »Schiff« gegangen waren, kam der Regen (»Es kann ja nicht immer weiterregnen«, sagte man. »Es wird in den nächsten Tagen aufhören.«) Doch es regnete vierzig Tage und vierzig Nächte lang, wobei sich aufgrund unterirdischer Explosionen zusätzliche Wassermassen auf die Erde ergossen. Selbst nachdem der Regen aufgehört hatte, stieg das Wasser weiter an, so dass innerhalb von fünf Monaten die ganze Erde überschwemmt war und alle atmenden Wesen umkamen. Das heißt, alle außer Noah und seine Familie – jene acht Menschen, über die jeder gelacht hatte.

Was für ein Mensch war Noah? Ihn zeichneten jene Wesenszüge aus, die Sie und ich besitzen sollten und können, während wir in unserer heutigen Welt leben.

1. Ein Mann des Glaubens, der mit Gott wandelte (1Mo 6,9-13)

»Noah aber fand Gunst in den Augen des HERRN« (V. 8) mit diesen Worten wird die dritte *»Geschlechterfolge«* im ersten Buch Mose charakterisiert. *»Dies ist die Geschlechterfolge Noahs«* (V. 9). Noah stand nicht am Rande der Heilsgeschichte, sondern wird etwa 50-mal in acht verschiedenen biblischen Büchern erwähnt.

Noah war ein gerechter Mann (V. 9; Kap. 7,1). An dieser Stelle wird erstmalig in der Bibel das Wort »gerecht« gebraucht, wobei Noahs Gerechtigkeit auch an anderen Stellen erwähnt wird (Hes 14,14.20; Hebr 11,7; 2Petr 2,5). Noahs Gerechtigkeit entsprang nicht seinen guten Werken, sondern umgekehrt: Seine guten Werke waren Ausdruck seiner Gerechtigkeit. Wie im Falle Abrahams stellte seine Gerechtigkeit Gottes Gabe dar, die ihm aufgrund seines persönlichen Glaubens zugeeignet wurde. Die Tatsache, dass sowohl Noah als auch Abraham Gottes Wort glaubten, wurde ihnen *»zur Gerechtigkeit gerechnet«* (1Mo 15,6, siehe Hebr 11,7; Röm 4,9 ff.; Gal 3,1 ff.).

Die einzige Gerechtigkeit, die Gott akzeptiert, ist die Gerechtigkeit von Jesus Christus, seinem Sohn (2Kor 5,21). Die einzige Möglichkeit, jene Gerechtigkeit zu erlangen, besteht für Menschen darin, ihre Sünden zu bekennen und Jesus Christus als ihrem Erretter zu vertrauen (Röm 3,19-30; Gal 2,16). Noah muss diese wichtige Wahrheit von seinem Vater Lamech (Kap. 5,28-29) gelernt haben – so wie dieser von seinem Vater Metuschelach und Metuschelach wiederum von seinem Vater Henoch. Wie wichtig ist es, unsere Kinder und Enkel zu lehren, dem Herrn zu vertrauen!

Noah war ein untadeliger Mann (V. 9). Wenn »gerecht« Noahs Stellung vor Gott beschreibt, dann umreißt »untadelig« sein Verhalten vor Menschen. »Untadelig« bedeutet nicht »sündlos«, weil außer Jesus Christus kein einziger ein sündloses Leben auf dieser Erde geführt hat (1Petr 2,21-22). Das Wort bedeutet vielmehr »durch Lauterkeit gekennzeichnet«, »aufrichtig«, »unbescholten«. Es wurde benutzt, um die Gott wohlgefälligen Opfertiere zu beschreiben (2Mo 12,5; 3Mo 1,3.10). Noah verhielt sich so, dass seine Mitmenschen ihm nichts zur Last legen konnten (Phil 2,12-16).

Derjenige, der durch Glauben an Christus in die rechte Stellung vor Gott gebracht worden ist, sollte ein Leben führen, das den Menschen ein Vorbild ist, weil *»der Glaube ohne Werke tot«* ist (Jak 2,14 ff.). Paulus warnte vor *»Aufsässigen, hohlen Schwätzern und Betrügern … sie geben vor, Gott zu kennen, aber in den Werken verleugnen sie ihn«* (Tit 1,10.16). Noah gehörte nicht zu diesen Menschen.

Noah war ein Mensch, der mit Gott wandelte (1Mo 6,9). Von seinem Urgroßvater Henoch hatte es geheißen: Er *»wandelte mit Gott«*. Er war durch seine plötzliche Aufnahme in den Himmel vor dem bevorstehenden Gericht der Sintflut gerettet worden (Kap. 5,24). Noah wandelte ebenfalls mit Gott und wurde sicher *durch das Gericht hindurchgeführt*. Henochs gottesfürchtiges Leben diente Metuschelach als Vorbild. Metuschelach muss seinem Sohn Lamech in ähnlicher Weise ein Beispiel gegeben haben, der wiederum seinem Sohn Noah ein Vorbild war. Wie wunderbar ist es, wenn sowohl Väter als auch Söhne, Enkel, Urenkel usw. dem Herrn treu sind, insbesondere zu einer Zeit in der Geschichte, da Gewalt und Verfall auf der Tagesordnung sind!

Das Leben des Glaubens und Gehorsams wird mit einem »Wandel« verglichen, weil dieses Leben mit einem ersten Schritt beginnt: dem Vertrauen zu Jesus Christus als Herr und Erretter. Dieser Glaubensschritt führt zu einem täglichen Wandel, bei dem es gemäß der Führung des Herrn Schritt für Schritt vorangeht. Er gebietet uns: *»Wandelt in Liebe«* (Eph 5,2); *»wandelt als Kinder des Lichts«* (V. 8) und *»wandelt im Geist«* (Gal 5,16; vgl. V. 25). Er will, dass wir auf unseren Wandel achtgeben (Eph 5,15). Schritt für Schritt, Tag für Tag, wandeln wir mit dem Herrn. Indem er uns führt, vollbringen wir seinen Willen, wobei er uns mit seiner Weisheit und Kraft beschenkt.

Noah war ein gehorsamer Mann (6,22; Kap. 7,5.16). Eine der wichtigsten biblischen Botschaften besteht darin, dass wir nicht nur das Wort Gottes hören sollen, sondern ihm auch gehorchen (Jak 1,22-25). Weil Noah dem Herrn gehorsam war, gingen er und sein »Haus« nicht zugrunde, als der Sturm kam (Mt 7,24-27). Für Noah und seine Angehörigen war es nicht leicht, dem Herrn zu gehorchen, weil die übrigen Menschen nicht auf Gott hörten und gegen seinen Willen aufbegehrten. Nach dem Zeugnis Henochs waren es gottlose Menschen, die sich mit gottlosen Taten und harten Worten gegen Gott aufrichteten (Jud 15).

Ob es um sexuelle Enthaltsamkeit, den Gebrauch von Alkohol und Drogen oder die Zugehörigkeit zu Cliquen und Gesetzesverstöße geht – wir hören heute vieles über »Gruppenzwang«. Er dient als Entschuldigung für alle Formen ungesetzlichen und unmoralischen Verhaltens – vom Betrug bei der gewöhnlichen Einkommensteuer bis zum Betrügen des eigenen Ehepartners. Doch jeder, der sich je als Gottesfürchtiger bewährt hat, musste gegen den Gruppenzwang ankämpfen. Dazu gehörten Noah und seine Angehörigen, Abraham und seine Familie, Mose in Ägypten (Hebr 11,24-26) sowie Daniel und seine Freunde in Babylon (Dan 1). Wer dem Gruppenzwang widersteht, sagt nicht nur entschieden »Nein« zum Verhalten seiner Mitmenschen, sondern in ganzer Hingabe auch »Ja« zum Herrn (Röm 12,1-2).

Die meisten Menschen wissen, dass Noah eine Arche baute. Ihnen ist aber vielleicht nicht bekannt, dass er seinen Charakter nach Gottes Gedanken entwickelte und eine Familie gründete, die nach Gottes Maßstäben lebte. Ohne diese gottesfürchtige Familie Noahs wäre Abraham nicht geboren worden. Hätte es ohne Abraham das Volk Israel, die Bibel und den Erretter gegeben?

2. Ein treuer Mann, der für Gott wirkte (1Mo 6,14-22)

»Der HERR zieht ins Vertrauen, die ihn fürchten, und sein Bund dient dazu, sie zu unterweisen« (Ps 25,14). Wenn Sie mit Gott wandeln, redet er durch sein Wort zu Ihnen und sagt Ihnen, was Sie wissen und tun müssen. Christen sind mehr als nur Knechte, die seinen Willen ausführen – sie sind seine Freunde, die seine Pläne kennen (Joh 15,14-15). Als Gott zu Noah sprach, trug er ihm und seiner Familie dreierlei auf:

1) *Baut eine Arche (V. 14-17)*! Gott sagte Noah, worin seine Aufgabe bestand: Er sollte ein Schiff aus Holz bauen, das den Wassern der Sintflut standhalten sowie ihm und seiner Familie Schutz bieten würde. Wenn es sich bei der erwähnten Elle um die gewöhnliche Elle von 45,7 cm handelte, war das Schiff 137 m lang, 22,9 m breit und 13,7 m hoch. Es besaß drei Stockwerke, eine Tür und eine Reihe von kleinen Fenstern (45,7 cm hoch), die sich direkt unter

dem Dach befanden und für Licht sowie Belüftung sorgten. Die drei Stockwerke waren in Zellen eingeteilt (1Mo 6,14), wo die verschiedenen Tiere aufbewahrt wurden und Noah sowie seine Familie leben sollten.

Diese Arche sollte kein bestimmtes Ziel erreichen, sondern nur seetüchtig sein. Sie war ein riesiger hölzerner Kasten, der auf dem Wasser schwimmen und den Insassen Sicherheit und Schutz vor den Wassermassen bieten konnte. Dr. Henry Morris errechnete, dass die Arche groß genug war, um den Inhalt von über 500 Viehwaggons aufzunehmen. Damit bot sie etwa 125.000 Tieren Platz. Viele der Tiere waren natürlich sehr klein und benötigten wenig Platz, wobei Noah im Blick auf die großen Tiere junge und noch nicht ausgewachsene Exemplare mitnahm.[1] In der Arche gab es viel Platz für Nahrung von Mensch und Tier (V. 21). Auch die Insekten und Kriechtiere fanden in der Arche ohne weiteres den ihnen zugedachten Platz.

2) *Verlasst euch auf Gottes Bund (V. 18)*! An dieser Stelle wird erstmalig das Wort *»Bund«* in der Bibel gebraucht. Dieser Begriff erscheint häufig in der Schrift, weil der Bundesgedanke ein wesentlicher Bestandteil des großen göttlichen Heilsplans ist (Gott würde Noah seinen Bund erklären, nachdem er die Arche verlassen hatte; Kapitel 8,20 – 9,17). Ein Bund beinhaltet eine Vereinbarung, die für die beteiligten Seiten Verpflichtungen und Vorteile mit sich bringt. In einigen Fällen ist Gott der alleinige »Bundesunterzeichner«, indem er den Angehörigen seines Volkes bedingungslose Verheißungen gibt. Doch es gab auch Bündnisse, in deren Rahmen sie bestimmte Bedingungen erfüllen mussten, bevor Gott sie segnen konnte.

Gottes Worte in Kapitel 6,13-21 waren speziell an Noah gerichtet, doch Gott schloss in den Bund auch dessen Familie mit ein (V. 18). Erst als Noah 500 Jahre alt war, wurden ihm Söhne geboren (Kap. 5,32), und als er in die Arche ging, war er 600 Jahre alt (Kap. 7,6). Demzufolge waren seine drei Söhne noch ziemlich »jung«, gemessen am vorsintflutlichen Lebensalter. Ham war sein jüngster Sohn (Kap. 9,24), während Jafet der älteste war (Kap. 10,21). Alle drei Jungen waren verheiratet (Kap. 7,18).[2]

Die Tatsache, dass Gott Noah und seiner Familie im Bund zusagt hatte, für sie zu sorgen, gab ihnen den erforderlichen Frieden und die Zuversicht, während sie die Arche bauten und dann über ein Jahr lang darin wohnten. Gottes Treue zeigt sich darin, dass er seine Verheißungen einhält, so dass die acht Gläubigen als Gottes Bundesvolk nichts befürchten mussten.

3) *Bringt die Tiere zusammen (V. 19-22)*! Gott wollte nicht nur diese Menschen, sondern auch alle anderen Arten von Lebewesen vor der Vernichtung, dem Untergang in den Wassern der Sintflut, bewahren. Doch wie sollte Noah eine solch große Zahl von Säugetieren, Vögeln und Kriechtieren zusammenbringen? Dafür hatte Gott gesorgt: Er würde diese Geschöpfe zu Noah kommen lassen (V. 20; Kap. 7,8-9.15), der sie in die Arche bringen sollte (Kap. 6,19). Neben je einem Paar der unreinen Tiere, die sich nach der Sintflut würden wieder vermehren können, gehörten dazu je sieben Paare der reinen Tiere, von denen einige als Opfertiere vorgesehen waren (Kap. 8,20; 9,3). Noah und seine Familie lernten nicht nur die Treue Gottes kennen, sondern erlebten auch, wie Gott als der Souveräne handelte.

In seiner souveränen Macht brachte Gott die Tiere zu Noah und seinen Söhnen. Aufgrund seiner Herrschermacht taten sie das, was er befahl. Dieser wunderbare Erweis göttlicher Macht ging Noahs Mitmenschen jedoch nicht zu Herzen, so dass sie während der Sintflut umkamen. Die Vögel, Säugetiere und Kriechtiere kannten die Stimme ihres Schöpfers und gehorchten ihm, doch die in seinem Bild erschaffenen Menschen wollten nicht auf Gottes Ruf hören. Jahrhunderte später würde Gott durch seinen Knecht Jesaja sagen: *»Ein Rind kennt seinen Besitzer und ein Esel die Krippe seines Herrn. Israel aber hat keine Erkenntnis, mein Volk hat keine Einsicht«* (Jes 1,3).

Bei all diesen wichtigen Aufgaben diente Noah dem Herrn, während er gegenüber einer sündigen Welt Zeugnis ablegte. 120 Jahre lang (1Mo 6,3), hatte Gott gegenüber gedankenlosen und widerspenstigen Sündern Geduld gehabt, doch sie missachteten seine Botschaft und verspielten die Gelegenheit zur Rettung.

3. Ein zuverlässiger Mann, der Gottes Handeln abwartete (1Mo 7,1-24)

»Seid nicht wie ein Roß, wie ein Maultier« rät Gott in Psalm 32,9. Noah befolgte diesen Rat. Das Pferd will manchmal ungestüm vorpreschen, während sich das Maultier störrisch stellt und zurückbleiben möchte. Noah jedoch wandelte mit Gott und wirkte für ihn. Ihm überließ er die Zeitplanung.

Eine einwöchige Wartezeit (V. 1-10). Die Regenfälle setzten am siebzehnten Tag des zweiten Monats ein (1Mo 7,11), aber Noah und seine Familie bezogen bereits am zehnten Tag auf Gottes Weisung hin die Arche (V. 1). Während dieser abschließenden Woche vor der Sintflut, in der auch die letzten Tiere herbeikamen, legte sie Vorräte an. Sie folgten den Anweisungen des Herrn, vertrauten seiner Bundeszusage und wussten, dass sie nichts befürchten mussten.

David erlebte eines Tages einen Gewittersturm und verarbeitete seine Beobachtungen in einem Hymnus (Ps 29), der davon kündet, wie er in diesem Unwetter Gott erlebt und gehört hatte. Als er über dieses Geschehen nachsann, dachte David an das umfassendste Unwetter der Geschichte zur Zeit Noahs. Daraufhin schrieb er: *»Der HERR thront auf der Wasserflut, der HERR thront als König ewig«* (V. 10). Der gewaltige Regen, der dröhnende Donner und der zuckende Blitz erinnerten David an die Souveränität Gottes. Ungeachtet dessen, wie heftig die Stürme des Lebens sein mögen – Gott ist noch auf dem Plan, indem er uns alles zum Guten mitwirken lässt. Deshalb beendete David seinen Hymnus folgendermaßen: *»Der HERR möge Kraft geben seinem Volk, der HERR möge sein Volk segnen mit Frieden«* (V. 11).

Am Ende dieser abschließenden Vorbereitungswoche gehorchten Noah und seine Familie Gottes Gebot, indem sie endgültig in die Arche gingen. Gott schloss die Tür und sicherte sie (1Mo 7,16). Die Insassen wussten nicht, wie lange sie in der Arche leben würden, doch der Herr wusste es, und dies war wirklich das Wichtigste. *»In deiner Hand sind meine Zeiten«* (Ps 31,16). Ein Jahr und zehn Tage später öffnete ihnen der gleiche Gott die Tür. Sie durften wieder herauskommen, um auf seiner gerade gereinigten Erde zu leben (1Mo 8,16).

Der Tag des Gerichts (Kap. 7,11-24). Durch die Sintflut richtete

Gott eine gottlose Welt. Gott öffnete die Schleusen des Himmels, so dass wolkenbruchartige Regengüsse niedergingen und *»alle Quellen der großen Tiefe«* aufbrachen (V. 11). Dadurch wurden sogar die höchsten Berge vom Wasser bedeckt (V. 20). Gott hatte über ein Jahrhundert lang auf die Umkehr von Sündern gewartet. Nun war es dafür zu spät. *»Sucht den HERRN, während er sich finden lässt! Ruft ihn an, während er nahe ist«* (Jes 55,6).

Der Regen hörte nach 40 Tagen auf, was dem 27. Tag des dritten Monats entspricht (1Mo 7,12). Die Wasser stiegen in den nächsten 110 Tagen jedoch weiter an und erreichten nach 150 Tagen ihren höchsten Stand (V. 24). Zu diesem Zeitpunkt kam die Arche auf einem Gipfel des Gebirges Ararat zum Stehen (Kap. 8,4). Es dauerte weitere 150 Tage, bis die Wasser zurückgegangen waren (V. 3). Dies bedeutet, dass inzwischen der siebzehnte Tag des zwölften Monats angebrochen war. Zwei Monate und zehn Tage später verließen Noah und seine Familie die Arche, um die Tiere wieder in Freiheit zu setzen (V. 14). Von dem Tag an, da Gott hinter ihnen zugeschlossen hatte, waren sie ein Jahr und zehn Tage in der Arche gewesen.

Ein allumfassendes Gericht. In jüngster Zeit haben diejenigen, die den biblischen Bericht den Ansichten der modernen Wissenschaft anpassen wollen, für eine »begrenzte« statt für eine universale Flut Stellung genommen. Sie bringen vor, dass der Verfasser des ersten Buches Mose die »Sprache des äußeren Erscheinungsbildes« gebraucht und nur das beschrieben habe, was er sehen konnte.

Es gibt Probleme hinsichtlich beider Ansichten, doch die Version einer »begrenzten« Flut scheint die schwächere Auslegung zu sein.[3] Die deutliche Wortwahl des Textes scheint auszusagen, dass Gott ein allumfassendes Gericht hereinbrechen ließ. Gott sagte, dass er Menschen und Tiere *»von der Fläche des Erdbodens«* (Kap. 6,7)[4] auslöschen wolle und dass *»alles Bestehende«* bzw. *»alles Lebendige«* vernichtet werden würde (Kap. 7,4.21-23; 8,21). Wenn die Berge so hoch bedeckt waren, dass die Arche über das Gebirge Ararat hinwegtreiben konnte und schließlich auf einem seiner Gipfel zum Stillstand kam, dann muss der gesamte Planet vollständig unter Wasser gewesen sein (Kap. 7,18-20). Jemand, der 1. Mose 6 – 9 erstmalig liest, kommt zu dem Schluss, dass die Flut eine weltweite Ausdehnung hatte.

Warum gab Gott den Regenbogen als allumfassendes Zeichen seines Bundes, wenn es sich nicht um eine universale Flut handelte (Kap. 9,11-15)? Wieso würden die Menschen in einem bestimmten Gebiet ein solches Zeichen benötigen? Weshalb wies Gott Noah außerdem an, eine so große Arche zur Rettung seiner Familie und der Tiere zu bauen, wenn die Flut ein lokales Ereignis war? Noah hätte bestimmt genug Zeit gehabt, seine Familie und die Tiere jener Region zusammenkommen zu lassen und sie an einen Ort zu bringen, wo die Sintflut sie nicht erreichen konnte.[5]

Gott gab die Verheißung, dass er nie wieder eine Flut schicken würde, wie er es zur Zeit Noahs getan hatte (V. 8-17). Doch wenn die Flut nur lokale Ausdehnung hatte, müsste man sagen, dass Gott seine Verheißung nicht eingehalten hat! In all den Jahrhunderten hat es zahlreiche lokale Überschwemmungen gegeben, von denen einige in den betreffenden Gegenden Menschenleben forderten und große Zerstörungen anrichteten. Allein im April 1996 machten riesige Überschwemmungen in Afghanistan 3000 Menschen obdachlos. Im Juli des gleichen Jahres zerstörten Überschwemmungen in Nord-Bangladesch die Häuser von über 2 Millionen Menschen. Ebenfalls im Juli und August setzten der Hwangho, der Jangtsekiang und der Hai-Fluss neun Provinzen in China unter Wasser, wobei 2000 Menschen umkamen. Wenn Noahs Flut wie diese Überschwemmungen ein lokales Ereignis war, dann haben Gottes Verheißung und das Bundeszeichen des Regenbogens nichts zu bedeuten.

Wenn wir einfach den Text lesen, gelangen wir zu der Überzeugung, dass die Sintflut ein allumfassendes Gericht war, denn *»alles Fleisch hatte seinen* [Gottes] *Weg verdorben auf Erden«* (Kap. 6,12). Wir wissen nicht, welche Ausmaße die Zivilisation auf Erden angenommen hatte, doch wo immer Menschen hingekommen waren, hatte sich Sünde ausgebreitet, die gerichtet werden musste. Die Sintflut legt von allumfassender Sünde und allumfassendem Gericht Zeugnis ab.

Sowohl Jesus als auch Petrus gebrauchten die Sintflut, um künftige, die gesamte Welt betreffende Ereignisse zu veranschaulichen: die Wiederkunft Christi (Mt 24,37-39; Lukas 17,26-27) und das Gericht in Form eines weltweiten Feuers (2Petr 3,3-7). Wenn die Flut nur lokale Ausmaße hatte, sind diese Vergleiche falsch und irreführend.

Petrus schrieb auch, dass Gott *»die damalige Welt«* nicht verschonte, als er die Sintflut schickte. Dies deutet darauf hin, dass ein viel größeres Gebiet als nur eine Region betroffen war.

Eine geduldige Familie. Trotz der Zerstörungen außerhalb der Arche waren Noah und seine Angehörigen sowie die Tiere im Innern in Sicherheit. Ganz gleich, was sie empfanden oder wie heftig die Wellen gegen die Arche schlugen – sie befanden sich nach Gottes Willen in Sicherheit. Geduldig warteten sie darauf, dass Gott sein Werk vollenden und sie auf die Erde zurückbringen würde. Noah und seine Familie verbrachten ein Jahr und siebzehn Tage in der Arche. Obwohl sie dort ihre täglichen Pflichten erfüllen mussten, ist dies eine lange Zeit, wenn man sich immer an einem Ort befindet. Doch *»durch Glauben und Ausharren«* werden wir Erben der von Gott verheißenen Segnungen (Hebr 6,12; 10,36), wobei Noah bereit war, auf das Handeln des Herrn zu warten.

Petrus sah in Noahs Erleben ein Bild für die Errettung durch Glauben an Jesus Christus (1Petr 3,18-22). Die Erde zur Zeit Noahs wurde unter Wasser gesetzt, doch die Arche schwamm auf dem Wasser, um Noah und seine Familie an einen sicheren Ort zu bringen. Dies stellte für Petrus ein Bild der Taufe dar: Tod, Begrabenwerden und Auferstehung. Die alte Erde ging unter (war gleichsam »tot«) und wurde von Wasser bedeckt (»begraben«), doch die Arche wurde hochgehoben (einer »Auferstehung« gleich), um Noahs Familie sicher hindurchzubringen.[6] Jesus starb, wurde begraben und erstand wieder aus den Toten, wobei wir durch sein vollbrachtes Werk von der Sünde errettet werden. Petrus verdeutlicht, dass uns nicht das Taufwasser von der Sünde reinwäscht. Es ist vielmehr unser Gehorsam gegenüber dem Taufgebot des Herrn (Mt 28,19-20), der das Gewissen reinigt, so dass wir in der rechten Stellung vor Gott sind.

Der britische Ausleger Alexander MacLaren schrieb:

> Während der Heilige unverdrossen seine Arche zusammenbaute und verpich, lachten 120 Jahre lang die Intelligenten, wunderten sich diejenigen, die »gesunden Menschenverstand« bewiesen. Doch eines Morgens begann es zu regnen, und allmählich schien Noah irgendwie nicht mehr der große Narr zu sein. Die Witze waren längst verstummt, als den Witzemachern das Wasser bis zu den Knien

stand, und der bissige Spott blieb ihnen im Halse stecken, während sie ertranken.

So ist es immer gewesen. Und so wird es am letzten großen Tag sein. Die Menschen, die durch Glauben an Christus für die Zukunft lebten, werden sich als die Klugen erweisen, wenn die Zukunft angebrochen ist und die gegenwärtige Zeit für immer vergangen ist. Doch diejenigen, die über die irdischen Dinge hinaus keine Ziele hatten, erleben, wie all dies zur völligen Bedeutungslosigkeit herabgesunken ist. Ihr Erwachen mit der Erkenntnis, dass sie sich außerhalb der sicheren Arche befinden kommt dann zu spät, und die am besten auf solche zutreffende Beurteilung lautet dann: »Du Narr«.

NEUN

1. Mose 8

Der Gott, der Neues beginnt

Wenn ängstliche Gläubige in der Bibel nach einem ermunternden Text suchen, wenden sie sich wahrscheinlich eher Römer 8 als 1. Mose 8 zu. Schließlich beinhaltet Römer 8 eines der ermutigendsten Kapitel der Schrift, während 1. Mose 8 Gottes »Aufräumaktion« nach der Sintflut beschreibt.

Doch wenn Sie sich wieder einmal in einem der Lebensstürme befinden, kann Ihnen 1. Mose 8 neue Hoffnung und Ermunterung geben, weil es in diesem Kapitel thematisch vor allem um Erneuerung und Ruhe nach der Bedrängnis geht. Das Kapitel zeichnet das Ende eines Unwetters und den Beginn neuen Lebens und neuer Hoffnung für Gottes Volk und Gottes Schöpfung auf. Daher wollen wir uns Gottes Handeln in 1. Mose 8 ansehen und Mut fassen!

1. Gott denkt an die Seinen (1Mo 8,1a)

Wenn Sie einen Lebenssturm durchleiden, kommen Sie sich leicht verlassen vor. »Ich denke, dass der Herr mich vergessen hat«, sagte eine Glaubensschwester, die ich im Krankenhaus besuchte. Sie konnte sich sehr wohl an Hebräer 13,5 erinnern und diesen Vers zitieren (*»Ich will dich nicht aufgeben und dich nicht verlassen«*), doch in ihrem Herzen fühlte sie sich einsam und verlassen. Wo war ihr Gott? Wann würde der Sturm vorüber sein?

Das Gefühl, verlassen zu sein, umfasst eine normale menschliche Regung, die wohl die meisten von uns durchlebt haben – ob wir es zugeben oder nicht. *»Warum, HERR, stehst du fern?«*, fragte der Psalmist. Warum *»verbirgst* (du) *dich in Zeiten der Drangsal?«* (Ps 10,1). Paulus bekannte, dass seine Bedrängnisse in Kleinasien so schwer waren, dass er sein Leben fast verlorengab (vgl. 2Kor 1,8). Jesus, der all unsere menschlichen Anfechtungen durchlitt, schrie vom Kreuz herab: »*Mein Gott, mein Gott, warum hast du mich verlassen?*« (Mt 27,46). Gottes Kindern ist das Gefühl der Einsamkeit wohlvertraut, sie denken in solchen Lagen an das Lied:

> Gott ist noch auf dem Plan,
> und alles ist ihm untertan!
> Weil er uns bewahrt,
> bleibet Furcht uns erspart.
> Gott ist noch auf dem Plan!

Das Wort »gedenken« in 1. Mose 8,1 bedeutet nicht, dass etwas ins Gedächtnis gerufen wird, was möglicherweise in Vergessenheit geraten war. Gott kann nichts vergessen, weil er das Ende vom Anfang her kennt. Vielmehr bedeutet es »auf jemanden achten«, »eine Verheißung erfüllen und zu jemandes Gunsten handeln«. Gottes Verheißung (*»und ihrer Sünden und ihrer Gesetzlosigkeiten werde ich* **nicht** *mehr gedenken«*; Hebr 10,17) bedeutet z. B., dass Gott uns unsere Sünden nicht zur Last legt und uns nicht als Sünder behandelt. Gewiss weiß Gott, was wir getan haben, doch aufgrund unseres Glaubens an Jesus Christus sind unsere Sünden »vergessen«. Gott handelt mit uns, als ob wir unsere Sünden nie begangen hätten! Der Herr denkt nicht mehr daran.

Wer an einen anderen denkt, zeigt damit, dass er zugunsten des Betreffenden handelt. Gott dachte an Abraham und rettete Lot vor der Zerstörung von Sodom (1Mo 19,29). Der Herr dachte sowohl an Rahel als auch an Hanna und ließ beide empfangen sowie Söhne gebären (Kap. 30,22; 1Sam 1,11.19). Der Herr dachte auch an seinen Bund und rettete die Israeliten aus der Sklaverei in Ägypten (2Mo 2,24; 6,5). »Gedenken« deutet auf eine frühere, von Gott gemachte Zusage hin und kündigt die Erfüllung dieser Zusage an.[1] Noah, seine Familie und die Tiere waren über ein Jahr lang in der Arche zusammengewesen, wobei ein solches »Beisammensein« auf engem Raum problematisch werden kann. Wurden sie angesichts der anderen oder der Tiere ungeduldig? Es wird nicht berichtet, dass Gott zu ihnen redete, nachdem er hinter ihnen zugeschlossen hatte. Es ist daher möglich, dass einen der Familienangehörigen gelegentlich die Angst befiel, weil er meinte, Gott kümmere sich vielleicht nicht mehr um sie.

Gott dachte nicht nur an Noah und seine Familie, sondern auch an die Tiere, die sich mit ihnen in der Arche befanden.[2] Gott verschonte diese Geschöpfe, damit sie auf der erneuerten Erde weiterleben und sich nach ihrer Art fortpflanzen konnten. Er wollte, dass seine Geschöpfe sich an der Erde freuen und dazu beitragen, dass die Menschen, die er in seinem Bild erschaffen hatte, glücklich sind. Wie wir später sehen werden, waren die Tiere in Gottes Bund mit Noah eingeschlossen.

Wir können sicher sein, dass Gott sein Volk nie vergisst oder verlässt – nicht nur wegen seiner Verheißungen[3], sondern auch aufgrund seines Wesens. Gott ist Liebe, und dort, wo Liebe ist, findet sich auch Treue. Er kann sich oder sein Wort nie verleugnen, denn er ist der treue Gott. Genausowenig kann er sich verändern, weil er unwandelbar ist. Weil er vollkommen ist, bedarf das Wesen Gottes keiner Verbesserung, und weil er heilig ist, gibt es keine einzige Veränderung zum Schlechteren hin. Wir können uns auf ihn verlassen – ganz egal, wie unsere Umstände aussehen oder wie wir uns fühlen.

2. Gott gibt seiner Welt neue Lebensgrundlagen (1Mo 8,1b-14)

Laut der Aussage in Kapitel 7,24 erreichte die Sintflut nach 150 Tagen ihren höchsten Stand. Sowohl der wolkenbruchartige Regen als auch die unterirdischen Wassereruptionen hatten aufgehört (8,2). Während der nächsten fünf Monate ließ Gott das Wasser zurückgehen, bis schließlich nur das Trockene übrigblieb.

Wohin verliefen sich die Wasser der Flut? Unterschätzen wir nicht die Kraft des fließenden Wassers! Es ist möglich, dass die Sintflut die Umrisse der Kontinente weithin veränderte und neue Gebiete schuf, in denen sich das Wasser sammeln konnte – und zwar sowohl auf der Erdoberfläche als auch unterirdisch.[4] Da es zu unterirdischen Eruptionen gekommen war (Kap. 7,11), haben sich ganze Kontinente und Gebirgszüge heben und senken können. Somit entstanden riesige Gebiete, in die das Wasser ablaufen konnte. Die Winde, die Gott über die Erde wehen ließ, trugen dazu bei, dass das Wasser teils verdampfte und teils in die von Gott bereitgestellten Becken lief. Ein Gott, der so mächtig ist, die Erde mit Wasser zu bedecken, ist auch so weise, es zu verteilen, wenn sein Werk ausgeführt ist.

Jahrhunderte später würde Gottes Wind die Heuschrecken nach Ägypten tragen und sie anschließend ins Meer treiben (2Mo 10,10-20). Gottes Wind würde auch das Rote Meer teilen, so dass das Volk Israel trockenen Fußes hindurchziehen konnte, als es Ägypten verließ (Kap. 14,21-22; 15,10). Der Sturmwind führt Gottes Wort aus (Ps 148,8).

Am siebzehnten Tag des siebten Monats kam die Arche auf einem Gipfel des in der heutigen Türkei gelegenen Gebirges Ararat zum Stehen. Wir wissen nicht, welcher Gipfel es war. Forscher können auf der Suche nach den Überresten der Arche kaum hilfreiche biblische Angaben finden. In späteren Jahren war der siebte Monat für die Israeliten von besonderer Bedeutung, denn während dieses Monats wurde mit dem Fest der Posaunen das neue Jahr eingeleitet. In ihm feierten sie auch den Versöhnungstag und das Laubhüttenfest (3Mo 23,23- 44).[5]

Im hebräischen Text heißt es, dass die Arche *»ruhte«* (Elberf). Dies erinnert uns daran, dass Noahs Name »Ruhe« bedeutet. Sein Vater Lamech hatte ja gehofft, dass sein Sohn einer ruhelosen Welt Ruhe bringen würde (1Mo 5,28-29). Obwohl die Arche sicher gelandet war, wartete Noah darauf, was der Herr ihm auftragen würde. Er wartete vierzig Tage und sandte dann einen Raben aus, der sich als unreiner aasfressender Vogel (3Mo 11,13-15) unter den dahintreibenden Kadavern, seiner vertrauten Umgebung, wohl fühlte.

Noah wartete eine Woche und sandte dann eine Taube aus, die als reiner Vogel keinen Landeplatz fand. Daher kehrte sie in die Arche zurück (1Mo 8,8-9). Eine Woche später sandte Noah erneut eine Taube aus, die mit einem frischen Olivenblatt zurückkehrte. Da wusste Noah, dass Pflanzenwuchs wieder möglich und neues Leben auf der Erde entstanden war (V. 10-11). Eine Taube, die einen Ölbaumzweig im Schnabel hat, stellt auf der ganzen Welt ein bekanntes Friedenssymbol dar. Eine Woche später wurde die Taube von Noah zum dritten Mal ausgesandt und kehrte nicht zurück. Auf diese Weise wusste er, dass das Wasser weggetrocknet war.[6]

Noah hatte das Dach über dem oberen Stockwerk der Arche so gebaut, dass man es leicht abbauen konnte. Nachdem er nun das Dach entfernt hatte, konnte er sich die Welt ringsum ansehen. An diesem Tag befanden sich die Insassen der Arche ein ganzes Jahr an Deck. Obwohl Noah sah, dass der Erdboden tatsächlich trocken war, blieb er noch in der Arche, bis der Herr ihn anwies, sie zu verlassen. Sechsundzwanzig Tage später kam diese Weisung und er gehorchte ihr (V. 15).

3. Gott belohnt Glauben (1Mo 8,15-19)

Noah war ein Mensch des Glaubens, dessen Name in Hebräer 11 zusammen mit den Namen anderer Glaubenshelden festgehalten ist (V. 7). Er bewies Glauben, als er mit Gott wandelte, obwohl seine Mitmenschen Gott missachteten und ihm den Gehorsam verweigerten. Sein Glaube zeigte sich auch darin, dass er für Gott wirkte und für ihn Zeugnis ablegte, als man weithin der Wahrheit widerstand. Nun, da die Sintflut vorüber war, erkannte man seinen Glauben darin, dass er Gottes Weisung abwartete, bevor er die Arche verließ.

Nachdem er und seine Familie über ein Jahr lang als Insassen der Arche eingeschränkt gelebt hatten, müssen sie sich danach gesehnt haben, wieder auf dem Trockenen zu sein. Sie warteten jedoch auf Gottes Weisungen. Die Verhältnisse auf der Erde schienen für eine Ausschiffung geeignet zu sein, doch noch hatte Gott es nicht gesagt, dass sie von Bord gehen und ein neues Leben beginnen sollten. Wir sollten im Glauben gehorsam sein, nachdem wir Gottes Wort gehört haben, denn *»der Glaube* (ist) *aus der Verkündigung, die Verkündigung aber durch das Wort Christi«* (Röm 10,17).

Ließ Noah Unglauben erkennen, als er die Vögel aussandte bzw. das Dach öffnete, um sich die Gegend anzuschauen? Nein, er nutzte einfach die sich bietenden Möglichkeiten, um Erkundigungen einzuziehen. Es ist nicht verkehrt, die jeweilige Lage verstehen zu wollen, wenn wir uns dabei nicht auf den eigenen Verstand stützen (Spr 3,5-6). Wer den Willen Gottes befolgt, tut nicht nur das Richtige auf die richtige Art und Weise und aus dem richtigen Motiv heraus, sondern er handelt auch *zur richtigen Zeit. »In deiner Hand sind meine Zeiten«* (Ps 31,16).

Gott belohnte Noahs Glauben und den Glauben seiner Angehörigen, indem er über ein Jahr lang für sie in der Arche sorgte und die Lebensbedingungen auf der Erde dann so gestaltete, dass sie die Arche verlassen konnten. Noah war wie ein »zweiter Adam«, da er am Anfang einer neuen Menschheit stand. Gott hatte die Erde während der Schöpfungswoche aus den Wassern heraus entstehen lassen und sie für Adam und Eva bereitet. Jetzt ließ er aus dem Wassergrab der Sintflut eine für Noah und seine Familie bereitete Erde erstehen. Der Herr gab Noahs Familie und den Tieren sogar den gleichen Auftrag, den er am Anfang gegeben hatte: *»Seid fruchtbar und vermehrt euch, und füllt die Erde«* (vgl. 1Mo 8,17 mit 1,22 und 1,28).

Noah baute die Arche *»zur Rettung seines Hauses«* (Hebr 11,4), und Gottes Treue zeigte sich darin, dass er tatsächlich seine ganze Familie rettete. Es gibt keinen biblischen Hinweis darauf, dass Noah in seinem Zeugnis andere einlud, bei ihm und seinen Angehörigen in der Arche zu sein. Bestimmt wird er sie aber ermuntert haben, Gott zu vertrauen und ihre eigenen Archen zu bauen. Natürlich nahm niemand diese Botschaft ernst, so dass die damalige Welt unterging (2Petr 3,6).

Woran lag es, dass die Menschen Gottes Wort ablehnten und umkamen? Sie glichen den Menschen in einem Gleichnis unseres Herrn (Lk 14,16-24), die mit den gewöhnlichen Dingen des alltäglichen Lebens beschäftigt waren (Mt 24,37-39) und sich nicht um die Ewigkeit kümmerten. Sie glaubten, dass das Leben wie zu allen Zeiten weitergehen und sich nichts ändern würde. Sie sagten, Gott würde nicht in das Weltgeschehen eingreifen oder den Ablauf der irdischen Dinge unterbrechen. Doch sie irrten! Die heutigen Menschen nehmen bezüglich der Wiederkunft des Herrn die gleiche Haltung ein (2Petr 3,1-9; 1Thes 5,1-10).

Wenn es um rettenden Glauben geht, muss jeder von uns Jesus Christus persönlich vertrauen. Wir können uns nicht durch den Glauben eines Stellvertreters erretten lassen. Noahs Frau, seine drei Söhne und seine drei Schwiegertöchter glaubten ebenfalls. Sie stellten dies dadurch unter Beweis, dass sie dabei waren, als Noah wirkte und Zeugnis ablegte, um dann mit ihm im Gehorsam gegenüber dem Herrn in die Arche zu gehen.[7]

4. Gott empfängt Anbetung (1Mo 8,20)

Nachdem Noah aus der Arche gegangen war und auf der erneuerten Erde stand, war er so von Dankbarkeit erfüllt, dass es sein erstes Anliegen war, mit seiner Familie Gott anzubeten. Er baute einen Altar und brachte einige der reinen Tiere dem Herrn als Opfer dar.

Noah besaß einen ausgewogenen Glauben. In einer von Liebe geprägten Gemeinschaft wandelte er mit dem Herrn und erfreute sich seiner Gegenwart. Er wirkte für den Herrn, indem er die Arche baute, und er war als »*Prediger der Gerechtigkeit*« (2Petr 2,5) ein Zeuge des Herrn. Während des Aufenthalts in der Arche wartete er auf die Weisung des Herrn, sie zu verlassen. Nachdem er sich wieder auf der Erde befand, betete er den Herrn an. Wie Abel brachte er Gott das Allerbeste dar (1Mo 4,4), und wie der setitische Überrest rief er den Namen des Herrn an (V. 26). Die wahre Anbetung des Herrn war auf der Erde wiederhergestellt worden.

In alttestamentlicher Zeit opferte man dem Herrn das ganze Tier oder die ganze Taube, wenn man ein Brandopfer darbringen wollte. Nichts hielt man zurück (3Mo 1). »*Das Ganze auf den Altar*« (V. 9) lautete die biblische Vorschrift, weil das Opfer die völlige Hingabe an den Herrn versinnbildlichte.[8] In einem neuen Akt der Hingabe vertrauten sich Noah und seine Angehörigen völlig dem Herrn an. Da Gott sie in seiner Gnade beschützt und durch das Unwetter hindurchgeführt hatte, war es nur angemessen, dass sie sich dem Herrn zur Verfügung stellten, um seinen Willen zu tun.

Wenn es im Folgenden heißt: »*Gott roch den wohlgefälligen Geruch*« (1Mo 8,21), ist das eine Möglichkeit, eine göttliche Wahrheit mit menschlicher Sprache darzulegen: Gott war dieses Opfer wohlgefällig – er nahm es an und freute sich über die Seinen und ihre Anbetung (3Mo 1,9; 3,16). Wenn Gott den Wohlgeruch des Opfers nicht »riechen« wollte, bedeutete dies, dass er sein Missfallen gegenüber den Opfernden bekundete (3Mo 26,31; Jes 1,11-15).[9] In der Sprache des Neuen Testaments zeugt das Opfer davon, dass sich Jesus Christus für uns dargebracht hat. »*Und wandelt in Liebe, wie auch der Christus uns geliebt und sich selbst für uns hingegeben hat als Opfergabe und Schlachtopfer, Gott zu einem duftenden Wohlgeruch*« (Eph 5,2).

In und an uns ist nichts Gott Wohlgefälliges – weder aufgrund dessen, was wir sind noch durch das, was wir tun. Durch Glauben können wir jedoch in Jesus Christus angenehm gemacht werden. Der Vater sagte von Jesus: *»Dieser ist mein geliebter Sohn, an dem ich Wohlgefallen gefunden habe«* (Mt 3,17). Diejenigen, die ihr Vertrauen auf Christus setzen, sind *»in Christus«* (2Kor 5,17). Wenn der Vater sie anschaut, sieht er die Gerechtigkeit seines Sohnes (2Kor 5,21). Gläubige sind in dem geliebten Sohn angenehm gemacht (Eph 1,6; vgl. Anm. Rev. Elberf), der dem Vater wohlgefällig ist.

So wie die Arche Noah und seine Familie rettete und den Wassern trotzte, ging Jesus Christus für uns durch den Sturm des göttlichen Gerichts. Jona, der im Blick auf Tod, Grablegung und Auferstehung ein Typus Christi ist (Mt 12,38-40) ging aufgrund seines Ungehorsams durch den Sturm göttlichen Zorns, doch Jesus durchlebte den Sturm im Gehorsam gegenüber dem Willen Gottes. Jesus konnte sagen: *»Alle deine Wogen und deine Wellen sind über mich hingegangen«* (Ps 42,8; Jon 2,4). Das Leiden unseres Herrn am Kreuz beinhaltete die *»Taufe«*, von der Jesus in Lukas 12,50 sprach – ein Sachverhalt, der vorgeschattet wurde, als Johannes Jesus im Jordan taufte.

5. Gott bestätigt die Schöpfungsordnung (1Mo 8,21-22)

Diese Worte des Herrn waren nicht an Noah gerichtet. Vielmehr geht es hier um den Herrn, der in seinem Herzen sprach. Dies war seine gnadenreiche Reaktion auf Noahs Glauben, Gehorsam und auf seine Anbetung. Was beinhaltete nun Gottes Verheißung?

Der Erdboden wird nicht noch einmal verflucht (V. 21a). Gott hatte den Erdboden infolge der Sünde Adams verflucht (Kap. 3,17) und später wegen Kains Sünde einen weiteren Fluch hinzugefügt (Kap. 4,11-12). Gottes hier aufgezeichnete Verheißung setzte keinen dieser Flüche außer Kraft. Sie werden erst weggenommen, wenn Jesus wiederkommt und Gottes Volk in der heiligen Stadt wohnen wird (Offb 22,3). Doch in seiner Gnade beschloss Gott, die Bedrängnis des Menschen nicht zu vergrößern.

Es wird keine weltweite Flut mehr geben (V. 21b). Gott beschloss ebenso, dass es keine künftigen Fluten mehr geben sollte. Gottes diesbezügliche Begründung in Vers 21 hat man verschieden erklärt, wobei die jeweiligen Erklärungen in gewissem Maße davon abhängen, wie man den Text übersetzt. Sagte Gott *»... denn das Sinnen des menschlichen Herzens ist böse«* (Rev. Elberf), oder sagte er: *»... wiewohl das Dichten des menschlichen Herzens böse ist«* (Schlachter)? Der Herr hatte die Sintflut ursprünglich wegen der Bosheit des menschlichen Herzens geschickt (Kap. 6,5). Würde er nun kein Gericht mehr kommen lassen, entstände der Eindruck, als sei die Sintflut ein Fehler oder Irrtum gewesen. Vielleicht hätte man dann denken können, dass Gott die in seinem Bild erschaffene Menschheit aufgegeben habe.

Wenn wir in Kapitel 8,21 mit *»denn«* übersetzen, bedeuten Gottes Worte im Grunde: »Das menschliche Herz ist unheilbar böse. Die Sintflut hat zwar die Übeltäter vertilgt, konnte aber das menschliche Herz nicht verändern. Daher wird das Problem nicht dadurch gelöst, dass ein weiteres Gericht folgt.« Wenn wir mit *»obwohl«* (vgl. Hoffnung) übersetzen, meint Gott im Grunde: »Ja, sie verdienen das Gericht, weil ihre Herzen böse sind. Und wenn sie in Sünde verharren und ihre Lektion aus dieser Flut nicht lernen, zeigt das nur, wie böse sie sind. Doch in meiner Gnade werde ich keine weitere Flut mehr schicken bzw. den Erdboden nicht verfluchen.«

Vielleicht sind beide Versionen richtig. Das Wichtige dabei ist, dass Gott diese Worte sagte, nachdem Noah geopfert hatte, und dass das Opfer ein Bild des Opfers Christi darstellte (Hebr 10,1-10; Eph 5,2). Aufgrund der von Jesus Christus am Kreuz erwirkten Sühnung konnte Gott sagen: »Es ist ein Preis für die Sünden der Welt bezahlt worden, so dass ich das Gericht zurückhalten kann. Der Gerechtigkeit wurde Genüge getan, meine Forderungen wurden erfüllt, so dass ich einer verlorenen Welt Gnade erweisen kann. Ich werde keine weitere Flut mehr schicken, um die Menschen auszulöschen. Statt dessen werde ich ihnen meine große Errettung anbieten.«

Dies bedeutet keineswegs, dass Gott Sünde heute nicht richtet oder dass es kein künftiges Gericht über die Welt geben wird. Römer 1,18 ff. verdeutlicht, dass Gottes Gericht schon heute offenbart wird. Es kommt über Sünder und hat die Konsequenzen ihrer Sünden zum Inhalt. Gott hat sie zu Sklaven ihrer eigenen Sünden werden lassen, indem er sie den Folgen der Sünden, die sie mit ihrem Körper begingen, überließ. Eines der größten Gerichte, die Gott über Sünder hereinbrechen lassen kann, besteht darin, dass er ihnen ihren Willen lässt *und sie dann in ihrem eigenen Leben dafür zahlen müssen.* Darin besteht das Gericht, das die Welt schon jetzt erlebt. Es wird ein künftiges Weltgericht geben, aber nicht mehr als Gericht in Form einer Flut, sondern vielmehr als Feuergericht (2Petr 3).

Der Zyklus der natürlichen Vorgänge soll nicht unterbrochen werden (V. 22). Die Sintflut hatte den normalen Lauf der Jahreszeiten ein Jahr lang unterbrochen, doch das sollte nie wieder vorkommen. Statt dessen bestätigte Gott, dass der Tages-, Wochen- und Jahresrhythmus solange bestehen würde, wie die Erde existiert. Ohne diese Zusicherung könnte sich die Menschheit nie sicher sein, ob sie das zum Leben Notwendige bekommt.

Wir wissen heute, dass der ständige Zyklus von Tagen und Nächten, Wochen und Monaten, Jahreszeiten und Jahren durch die Rotation der Erde um die eigene Achse und dadurch aufrechterhalten wird, dass sie um die Sonne kreist. Gott hat dies so erschaffen, damit die Abläufe in seinem Universum optimal vonstatten gehen. Obwohl er unter unzähligen Galaxien hätte auswählen können, wollte der Herr gerade die Bewohner der Erde mit seiner Liebe und Gnade überschütten. *»Des HERRN ist die Erde«* (Ps 24,1). Der Herr ordnete das Universum so, dass die Lebewesen auf Erden gute Existenzgrundlagen besitzen, wobei dies Männer und Frauen einschließt, die allzu oft Gottes Fürsorge vergessen.

Die Zusicherung in 1. Mose 8,22 gibt uns Hoffnung und Mut, während wir einer unbekannten Zukunft entgegengehen. Jedesmal, wenn wir abends zu Bett gehen oder mit dem nächsten Kalenderblatt einen neuen Monat beginnen, sollten wir uns daran erinnern lassen, dass sich Gott um den Planeten Erde und seine Bewohner kümmert. Mit der Erfindung des elektrischen Lichts und der modernen Verkehrs- sowie Kommunikationsmittel hat sich unsere Welt vom Leben nach dem göttlich eingeführten Kreislauf der Natur entfernt. Wir gehen nicht mehr bei Sonnenuntergang zu Bett, um bei Sonnenaufgang aufzustehen. Wenn wir das Wetter unserer Region nicht mögen, können wir schnell in ein Land fliegen, das einer anderen Klimazone angehört.

Doch wenn Gott die Sonne verdunkeln oder die Abfolge der Jahreszeiten bzw. den Neigungswinkel der Erde verändern würde, wäre unser Leben gefährdet.

Gott lädt uns ein, jeden Tag aus seiner Hand zu nehmen. Jesus lehrte uns beten: »*Unser tägliches Brot gib uns heute*« (Mt 6,11), und sagte, dass wir dafür dankbar sein sollen. »*Wie deine Tage, so deine Kraft*« (5Mo 33,25; siehe Mt 6,25-34). Als seine Jünger Jesus davor warnten, nach Betanien zu gehen, erwiderte er: »*Hat der Tag nicht zwölf Stunden?*« (Joh 11,9). Er vertraute dem Zeitplan des Vaters und nahm jeden Tag aus seiner Hand, indem er es ihm vertrauensvoll überließ, für ihn zu sorgen.

Gottes »*Bund mit dem Tag und … der Nacht*« ist insbesondere für die Angehörigen des Volkes Israel bedeutungsvoll, denn dieser Bund garantiert ihnen, dass er sie umsorgt und schützt, so dass sie nie aufhören werden, als Volk zu bestehen (Jer 33,19-26). Gottes Verheißung, wonach er keine weitere Flut schicken wird, sichert den Israeliten zu, dass sein Bund mit ihnen nie gebrochen werden wird (Jes 54,7-10).

Wir sind geneigt, es als selbstverständlich hinzunehmen, dass die Sonne auf- und untergeht und dass sich die Vorderseite des Mondes bzw. die Jahreszeiten stetig ändern. Doch all diese Abläufe sind nichts als Beweise dafür, dass Gott auf dem Plan ist und seine Verheißungen einhält. Die ganze Schöpfung hält fortwährend – Tag für Tag, in jeder Jahreszeit – eine Predigt, die uns die Zusicherung der liebevollen Fürsorge Gottes gibt. Wir können seinem Wort vertrauen, denn »*nicht ein einziges Wort ist dahingefallen von all seinen guten Worten*« (1Kö 8,56).

ZEHN

1. Mose 9,1-17

»Ja« zum Leben

»Zum Wohl« heißt eines der fröhlichsten Lieder in *Der Geiger auf dem Dach*, dem Musical über das jüdische Leben in dem kleinen Dorf Anatevka.

Obwohl der Milchmann Tevje und seine Mitmenschen im zaristischen Russland schutzlos und arm waren und eine ungewisse Zukunft vor sich hatten, besangen sie darin das Leben als Freudengabe eines freigebigen Gottes. Ob es die Ankündigung einer Verlobung, die Geburt eines Kindes oder sogar die Anschaffung einer Nähmaschine war – die bescheidenen Bewohner von Anatevka hatten immer wieder einen Grund, für die Segnungen des Lebens zu danken.

In diesem Abschnitt (1Mo 9,1-17) sprach Gott zu den acht Überlebenden der Sintflut und gab ihnen Anweisungen im Blick auf vier Lebensbereiche. Obwohl anfangs Noah und seiner Familie gegeben, gelten diese Anweisungen für alle Menschen zu allen Zeiten und an allen Orten. Sie beinhalten feste göttliche Ordnungen für die gesamte Menschheit und dürfen nicht missachtet oder geändert werden. Weil das Leben so wertvoll ist, muss es geschützt werden.

1. Sorgt dafür, dass sich das Leben ausbreitet! (1Mo 9,1.7)

Als Noah aus der Arche kam, war er wie ein »zweiter Adam«, weil mit ihm, dem Stammvater der nachsintflutlichen Menschheit, ein neuer Anfang auf Erden möglich war. Der Glaube an den Herrn hatte Noah und seine Familie vor dem Untergang gerettet; nun nahm die Wiederbesiedlung der gesamten Erde in seinen drei Söhnen ihren Anfang (V. 18).

Gott hatte Adam und Eva gesagt: *»Seid fruchtbar und vermehrt euch, und füllt die Erde«* (Kap. 1,28). Diesen Auftrag wiederholte er gegenüber Noah und seiner Familie *dreimal* (Kap. 9,1.7). Obwohl alle Nachkommen Noahs für den Plan Gottes wichtig waren, war die Linie Sems von besonderer Bedeutung. Aus dieser Linie ging Abraham hervor – derjenige Mann, den Gott als Stammvater des Volkes Israel erwählte. Aus diesem Volk würde der Erlöser kommen, der 1. Mose 3,15 erfüllen und den Kopf der Schlange zermalmen sollte.

In der Schrift werden Kinder nicht als Fluch, sondern als Segen bezeichnet. Viele Kinder und Enkel zu haben, galt als Zeichen der Gnade Gottes (1Mo 24,60; Ps 127,3-5; 128,3-4). Gott verhieß Abraham, dass seine Nachkommen wie die Sterne des Himmels und wie der Sand des Meeres sein würden (Kap. 15,5; 22,17). Die Patriarchen baten für ihre Erben darum, dass sie mit Fruchtbarkeit gesegnet mögen (Kap. 28,3; 35,11; 48,4). Der Herr versprach den Israeliten viele Kinder, wenn sie seinen Bund halten würden (3Mo 26,9; 5Mo 7,13).

Vielen Menschen scheint diese Haltung gegenüber Kindern heute fremd zu sein. Seit dem Unabhängigkeitskrieg sind in fast 200 Jahren amerikanischer Geschichte in neun größeren Kriegen 1,2 Millionen Militärangehörige umgekommen. Doch in den Vereinigten Staaten werden in *nur einem Jahr* 1,6 Millionen Kinder legal abgetrieben.[1] In biblischer Zeit wären israelitische Ehepaare nicht auf den Gedanken gekommen, ein Kind abzutreiben – ungeachtet dessen, wie schwierig ihre Umstände oder wie begrenzt ihre Mittel waren. Das Leben war Gottes Geschenk, und Kinder stellten ein göttliches Erbe des Herrn dar – schützenswerte Schätze, in die man zu seiner Ehre investieren soll.

2. Erhaltet das Leben! (1Mo 9,2-4)

Eine im Jahr 1900 vorgenommene Erhebung ließ erkennen, dass man meinte, man brauche 72 Dinge, um seine Aufgaben normal erfüllen zu können und um zufrieden zu sein. 50 Jahre später belief sich der Gesamtbetrag bei einer ähnlichen Erhebung auf fast 500 Dinge! Die Bibel zählt jedoch nur zwei auf: *»Wenn wir aber Nahrung und Kleidung haben, so wollen wir uns daran genügen lassen«* (1Tim 6,8).

In der Bergpredigt lehrte Jesus die gleiche Wahrheit, als er über die Vögel und die Blumen sprach (Mt 6,24-34). Wenn der Himmlische

Vater die Blumen mit Schönheit kleidet und den Vögeln ihre Nahrung gibt, steht außer Zweifel, dass er seine vielgeliebten Kinder mit Nahrung und Kleidung versorgen wird. *»Denn euer himmlischer Vater weiß, dass ihr dies alles benötigt«* (V. 32).

Als Gott Adam und Eva in den Garten, ihren ersten Lebensraum, setzte, gab er ihnen als Nahrung Früchte und pflanzliche Erzeugnisse (1Mo 1,29; 2,9.16), doch nach der Sintflut erlaubte er den Menschen, auch Fleisch zu essen. Die Harmonie in der Schöpfung, die Adam und Eva genossen hatten, war jetzt dahin, denn Noah und seine Familie hatten keine Herrscherstellung bezüglich des tierischen Lebens mehr inne (1,26.28). Nun würden die Tiere die Menschen fürchten und alles daransetzen, dem drohenden Tod zu entkommen. Da sich die meisten Tiere rasch vermehren und ihre Jungen schnell groß werden, konnten die wilden Tiere die Menschheit zahlenmäßig leicht überflügeln. Deshalb sorgte Gott dafür, dass sich die Tiere vor den Menschen fürchteten. Kain war ein Ackerbauer, Abel ein Hirte, doch Noah und seine Söhne waren nun Jäger.

Gott schränkte jedoch den Genuss des Fleisches in einer Beziehung ein: Das Fleisch musste frei von Blut sein (9,4). Gott legte Noah gegenüber präzise dar, was er später durch Mose detailliert mitteilen ließ: Das Leben ist im Blut, weshalb das Leben geachtet werden muss, selbst wenn man anlässlich eines Festmahls ein Tier schlachtet (siehe 3Mo 3,17; 7,26-27; 17,10-14; 19,26; 5Mo 12,16.23-25; 15,23).[2] In dieser Einschränkung ließ Gott erneut seine Fürsorge für das tierische Leben erkennen. Da das Leben im Blut ist und von Gott kommt, muss es geachtet werden. Außerdem würde das Tierblut bei den meisten mosaischen Opfern eine wichtige Rolle spielen, so dass damit ehrerbietig umgegangen werden muss.

Jesus lehrte, dass es erlaubt sei, alles als Nahrung zu sich zu nehmen (Mk 7,1-23), wobei sowohl Petrus (Apg 10) als auch Paulus (1Tim 4,3-4; Kol 2,16) diese Wahrheit bestätigten. Trotzdem gab es in der ersten Gemeinde Meinungsverschiedenheiten bezüglich der Speisevorschriften (Röm 14,1 – 15,7). Damit nichtjüdische Gläubige jüdischen Glaubensgeschwistern oder gemeindefernen Menschen keinen Anstoß gaben, wurde den ersten Christen geraten, hinsichtlich des Verzehrs von Fleisch nicht gedankenlos zu sein (Apg 15,19-21.24-29).[3]

Paulus riet zu Folgendem: Nehmt einander auf, liebt einander, tut nichts, was den anderen zu Fall bringt, und versucht, euch einander im Glauben zu erbauen! Alles sollte in Liebe geschehen und der Erbauung dienen.

3. Schützt das Leben! (1Mo 9,5-6)

Nachdem der Herr Noah Anweisungen bezüglich des Vergießens von Tierblut gegeben hatte, sprach er nun über ein noch bedeutsameres Thema: das Vergießen von Menschenblut. Bis zu diesem Zeitpunkt sah die Chronik der Menschheit überhaupt nicht gut aus, wenn es um die gegenseitige Fürsorge ging. Kain hatte seinen Bruder Abel umgebracht (Kap. 4,8), während Lamech einen jungen Mann getötet und damit geprahlt hatte (V. 23-24), bis die Erde schließlich mit Gewalttaten aller Art erfüllt war (Kap. 6,11.13). Gott hatte dafür gesorgt, dass sich die Tiere vor den Menschen fürchteten, doch nun musste er den Menschen die Gottesfurcht ins Herz legen, damit sie einander nicht zugrunde richteten!

Diejenigen, die ihre Mitmenschen umbringen, werden sich vor Gott für ihre Taten verantworten müssen, denn Männer und Frauen sind in Gottes Bild erschaffen.[4] Wer einen Menschen angreift, geht gegen Gott vor, wobei der Herr den Täter richten wird. Da alles Leben eine Gabe Gottes ist, maßt sich derjenige, der einem anderen das Leben nimmt, die Stellung Gottes an. Der Herr gibt das Leben, und er allein hat das Recht, andere zu bevollmächtigen, Leben zu nehmen (Hi 1,21).

Doch welche Anordnungen gab Gott hinsichtlich der Bestrafung von Mördern? Wie sollte Gerechtigkeit durchgesetzt und das Gesetz gewahrt werden? Er setzte menschliche Obrigkeiten auf Erden ein und bestimmte sie damit zu seinen Regenten, denen er die ehrfurchtgebietende Macht, menschliches Leben nehmen zu können, verlieh. Darin besteht die Bedeutung des göttlichen Auftrags in 1. Mose 9,6. Menschliche Obrigkeit und Todesstrafe gehören zusammen, wie Paulus in Römer 13,1-7 erklärt. Die staatlichen Behörden besitzen die Vollzugsgewalt und haben das Recht, sie zu gebrauchen.

Im Rahmen des alttestamentlichen Gesetzes gab es kein Polizeiwesen, wie wir es heute kennen. Wenn ein Mord begangen wurde, war es Sache der Familie des Opfers, den Schuldigen zu finden und ihn vor Gericht zu bringen. Es gab einen Unterschied zwischen Mord und fahrlässiger Tötung (2Mo 21,12-14). Daher wies der Herr das Volk Israel an, sechs Zufluchtsstädte einzurichten, in die derjenige, der des Mordes angeklagt war, fliehen konnte, um sicher zu sein (4Mo 35,6-34; 5Mo 19,1-13). Die Ältesten der Stadt sollten den Angeklagten schützen, bis der Fall untersucht werden konnte. Wenn der Angeklagte für schuldig befunden wurde, konnte die Familie des ums Leben Gekommenen eine Hinrichtung erwirken. Da der Mörder Blut vergossen hatte, musste das Blut des Betreffenden ebenfalls vergossen werden.

Die Obrigkeit wurde von Gott eingesetzt, weil das menschliche Herz böse ist (1Mo 6,5), wobei die Angst vor Strafe dazu beitragen kann, dass die Zahl potentieller Gesetzesbrecher klein bleibt. Das Gesetz kann begrenzen, nicht aber erneuern, denn nur die Gnade Gottes ist imstande, das menschliche Herz umzuwandeln (Jer 31,31-34; Hebr 8,7-13). Doch wenn man einzelnen Menschen, Familien oder sozialen Gruppen gestatten würde, mit Tätern auf ihre Art zu verfahren, befände sich die Gesellschaft in einem fortwährend chaotischen Zustand. Die menschliche Obrigkeit hat ihre Schwächen und Begrenzungen, doch ihre Existenz ist besser als Anarchie oder ein Zustand, worin Menschen tun, was sie für richtig halten (Ri 17,6; 18,1; 19,1; 21,25).[5]

Gott gab Anweisungen bezüglich dreier irdischer Einrichtungen und setzte diese ein:

Ehe und Familie (1Mo 1,26-28; 2,18-25);
menschliche Obrigkeit (9,5-6); und
Gemeinde (Mt 16,13-19; Apostelgeschichte 2).

Jede dieser Einrichtungen hat ihren Verantwortungsbereich, wobei man eine nicht durch die andere ersetzen kann. Die Gemeinde führt das Schwert des Geistes (Hebr 4,12), nicht das Schwert der Gerechtigkeit (Röm 13,4; Joh 18,36), doch wenn sich die Obrigkeit in Fragen einmischt, die das christliche Gewissen betreffen, haben Gläubige das Recht, den Gehorsam zu verweigern (Apg 4,18-20).

Gegner der Todesstrafe fragen oft: »Wirkt die Todesstrafe auf Kriminelle abschreckend?« Doch schrecken *überhaupt irgendwelche* Gesetze einschließlich der Parkverbote und Geschwindigkeitsbegrenzungen Straftäter ab? Vielleicht nicht im gewünschten Ausmaß, doch die Bestrafung der Täter hilft der Gesellschaft, Recht und Gerechtigkeit zu respektieren. Keiner weiß, wie viele Menschen durch Strafe zur Einsicht kommen und es sich zweimal überlegen, das Gesetz zu übertreten. Das Gesetz trägt auch dazu bei, unschuldige Menschen, die Opfer gesetzwidriger Vorgehensweisen sind, zu schützen und zu entschädigen.

Nicht alles, was gesetzlich gilt, ist biblisch. Ungeachtet dessen, was Philosophen, Parlamente und Gerichte vielleicht meinen – die Allgemeingültigkeit des Mandats Gottes bezüglich der Todesstrafe bleibt bestehen. Es wurde von Gott gegeben, damit es von allen Menschen respektiert und befolgt wird.

4. Freut euch am Leben! (1Mo 9,8-17)

Dieser Abschnitt beinhaltet das, was Theologen als »Noahbund« bezeichnen. Obwohl Gott speziell zu Noah und seinen Söhnen sprach, schließt dieser Bund alle Nachkommen Noahs (V. 9) ein und gilt *»auf ewige Generationen hin«* (V. 12). Der Bereich des Bundes ist jedoch noch umfassender, denn zu ihm gehört jedes lebende Wesen (V. 10.12) bzw. *»jedes lebende Wesen unter allem Fleisch«* (V. 15). Menschen, Vögel, Nutz- und wilde Tiere sind in diesen wunderbaren Bund eingeschlossen.

In diesem Bund gab Gott die bedingungslose Verheißung, dass er nie wieder eine Flut schicken würde, um alles Leben auf der Erde zu vernichten. Als wolle er dies nochmals hervorheben, gebrauchte er dreimal die Wendung *»nie mehr«* (V. 11 und 15). Er legte keinerlei Bedingungen fest, die Männer und Frauen hätten einhalten müssen, sondern bekräftigte einfach die Tatsache, dass es nie wieder eine weltweite Flut geben würde. Von diesem Tag an konnten sich Noah und seine Angehörigen am Leben freuen, ohne sich jedesmal beunruhigen zu müssen, wenn der Regen einsetzte.

Ein Bund mit der Schöpfung. Mindestens viermal erwähnte der Herr in diesem Bund den Ausdruck *»jedes lebende Wesen«*. Er sprach über die

Vögel und sonstigen Tiere, denen Noah während der Sintflut in der Arche Sicherheit geboten hatte (V. 10). Erneut werden wir an Gottes spezielle Fürsorge für das tierische Leben erinnert.

Als der Apostel Johannes den himmlischen Thronsaal sah, erblickte er vier ungewöhnliche *»lebendige Wesen«*, die vor Gottes Thron anbeteten, wobei jedes davon ein anderes Angesicht hatte (Offb 4,6-7). Das erste hatte ein Angesicht wie das eines Löwen, das zweite wie das eines Stiers, das dritte wie das eines Menschen und das vierte wie das eines Adlers. Diese vier Angesichter gleichen den vier Arten der Geschöpfe, mit denen Gott diesen Bund schloss: wilde Tiere, Nutztiere, Menschen und Vögel (siehe 1. Mose 9,9-10). Diese Geschöpfe sind fortwährend vor dem Thron Gottes vertreten, weil der Herr sich um seine Schöpfung kümmert. Sie erinnern uns daran, dass die gesamte Schöpfung den Gott anbetet und preist, der für seine Geschöpfe sorgt und sich über ihre Anbetung freut.[6]

Ein Bundeszeichen. Um den Angehörigen seines Volkes die Erinnerung an seine Bundesschlüsse zu erleichtern, gab Gott ihnen ein sichtbares Zeichen. Sein Bund mit Abraham wurde mit dem Zeichen der Beschneidung (1Mo 17,11; Röm 4,9-12) und der Mosaische Bund am Sinai mit dem Zeichen des wöchentlichen Sabbats besiegelt (2Mo 31,16-17). Gottes Bund mit Noah und den Lebewesen wurde mit dem Zeichen des Regenbogens besiegelt. Wann immer Menschen den Regenbogen sehen würden, sollten sie sich an Gottes Verheißung erinnern, dass kein künftiges Unwetter mehr zu einer weltweiten, die Menschheit vernichtenden Flut werden würde.

Mark Twain und sein Freund William Dean Howells kamen eines Tages gerade aus der Kirche, als heftiger Regen einsetzte. Howells sagte: »Ich frage mich, ob es je wieder aufhört.« Daraufhin erwiderte Mark Twain: »Es hat immer aufgehört.« Er hatte recht – immer! Warum? Weil Gott einen Bund geschlossen hat und stets sein Wort hält.

Da Gott vom Regenbogen sprach, als wären Noah und seine Familie damit vertraut gewesen, hat er wahrscheinlich bereits vor der Sintflut existiert. Ein Regenbogen entsteht, wenn das Sonnenlicht durch die in den Luftschichten befindlichen Regentropfen hindurchscheint, wobei jeder Tropfen zu einem Prisma wird, der das weiße Sonnenlicht in die bisher verborgenen Spektralfarben aufspaltet. Regenbogen sind kurzzeitige, aber wunderschöne Lichterscheinungen, und für jeden ist ihr Anblick kostenlos! Ihre herrlichen Farben künden uns gegenüber von dem, was Petrus als *»verschiedenartige Gnade Gottes«* bezeichnete (1Petr 4,10). Das mit »verschiedenartig« übersetzte griechische Wort bedeutet »mancherlei, vielfarbig, mannigfaltig«. Der Regenbogen erinnert uns an Gottes Gnadenbund und die »mannigfaltige« Gnade Gottes.

Verweilen wir noch etwas bei diesem Gedanken. Warum sollten wir besorgt oder beunruhigt sein, wenn der Regenbogen uns an Gottes Treue und Gnade erinnert? Obwohl Gott nicht verheißen hat, dass uns Lebensstürme immer erspart bleiben, gab er uns die Zusage, dass sie uns nie zugrunde richten können. *»Wenn du durchs Wasser gehst, ich bin bei dir, und durch Ströme, sie werden dich nicht überfluten«* (Jes 43,2). Wenn die Wolken heraufziehen und die Sonne verdecken, brauchen wir uns nicht zu fürchten.

Denken wir über den Bogen nach. Ein Bogen gehört zur militärischen Ausrüstung, doch Gott hat dieses Symbol des Krieges in ein Bild seiner Gnade und Treue, in eine Zusicherung des Friedens, umgewandelt. Gott hätte sicher den Bogen des Gerichts gegen uns richten können, weil wir sein Gesetz missachtet und Gericht verdient haben. *Doch er hat den Bogen gegen den Himmel gerichtet und die für uns vorgesehene Strafe auf sich genommen!* Als Jesus am Kreuz starb, hat der Gerechte für die Ungerechten gelitten (1Petr 3,18) und all das getragen, was uns rechtmäßig hätte treffen müssen.

Regenbogen sind überall – von jedem Punkt der Erde aus – zu sehen. Gottes mannigfaltige Gnade reicht für die gesamte Welt aus und muss der ganzen Welt verkündigt werden. Denn Gott liebt die Welt (Joh 3,16), und Christus starb für die Sünden der Welt (1Jo 4,10.14).

Doch nicht nur wir dürfen den Regenbogen sehen, denn der Herr sagte: *»Ich* (werde) *ihn ansehen«* (1Mo 9,16). Gewiss vergisst Gott nie seine Bündnisse mit seinem Volk, doch mit dieser Wendung wird uns noch einmal die Zusicherung gegeben, dass wir uns nicht fürchten müssen. Wenn wir den Regenbogen sehen, wissen wir, dass auch unser Vater ihn anschaut, und indem wir dies gemeinsam tun, sind wir mit ihm verbunden.

Drei Regenbögen. In drei wichtigen biblischen Abschnitten sahen Männer einen Regenbogen. Noah sah den Regenbogen *nach dem Unwetter.* In der gleichen Situation befindet sich auch heute Gottes Volk. Doch der Prophet Hesekiel sah den Regenbogen *inmitten des Unwetters,* als er jene bemerkenswerte Vision von den Rädern und dem Thron hatte (Hes 1,28). Hesekiel sah darüber hinaus lebendige Wesen, von denen jedes vier Gesichter hatte! Eins glich dem eines Menschen, eines dem eines Löwen, eines dem eines Stieres und eines dem eines Adlers – die gleichen Gesichter, die Johannes sah (Offb 4,6-7).

Der Apostel Johannes sah den Regenbogen, *bevor der Sturm des Gerichts losbrach* (V. 1-3). Ja, Johannes sah einen vollständigen Regenbogen rings um den Thron Gottes! Auf Erden sehen wir *»stückweise«,* doch eines Tages werden wir im Himmel die Dinge ganz so sehen, wie sie wirklich sind (1Kor 13,12).

Die persönliche Lektion für die Angehörigen des Volkes Gottes besteht einfach darin: Suchen Sie in den Stürmen des Lebens stets den Regenbogen der Bundesverheißung Gottes! Wie Johannes sehen Sie den Regenbogen vielleicht vor dem Sturm, oder Sie gleichen Hesekiel, der ihn inmitten des Unwetters sah. Möglicherweise müssen Sie wie Noah aber auch warten, bis das Unwetter vorüber ist. Doch Sie werden immer den Regenbogen der göttlichen Verheißung sehen, wenn Sie im Glauben aufschauen. Dies beinhaltet die alttestamentliche Version von Römer 8,28.

Gottes Bund mit der Schöpfung betrifft jedes lebende Wesen auf Erden. Ohne ihn würde es keine zugesicherte Kontinuität natürlicher Abläufe von einem Tag zum anderen und von einer Jahreszeit zur anderen geben. Wir wüssten nie, ob der nächste Sturm die endgültige Vernichtung bringen würde.

Gott will, dass wir uns über die Segnungen des natürlichen und geistlichen Lebens freuen, weil er *»uns alles reichlich darreicht zum Genuss«* (1Tim 6,17). Wenn Sie Jesus Christus als Herrn und Retter kennenlernen, wird die Welt der Schöpfung um Sie her viel wunderbarer, weil der Schöpfer Ihr Vater geworden ist.

Wenn der amerikanische Evangelist D.L. Moody in späteren Jahren über seine Bekehrung als Jugendlicher sprach, sagte er: »Ich befand mich in einer neuen Welt. Am nächsten Morgen schien die Sonne heller, und die Vögel sangen lieblicher ... die Äste der alten Ulmen wogten vor Freude hin und her, und die ganze Natur strahlte Frieden aus. [Es] war die herrlichste Freude, die ich je gekannt habe.«[7]

Der Gott der Schöpfung ist auch der Gott der Rettung. Vertrauen Sie Jesus Christus, so dass Sie wahrhaft singen können: »Dies ist die Welt meines Vaters.«

ELF

1. Mose 9,18 – 10,32

Was noch geschah

Ich lese leidenschaftlich gern Biographien und Autobiographien, doch wie enttäuscht war ich, als ich in einem solchen Werk eine neue Seite aufschlug und ein grinsendes Gerippe entdeckte, das in der Abstellkammer eines von mir bewunderten Menschen lauerte! Der amerikanische Kolumnist Russell Baker sagte: »Das Problem des Biographen besteht darin, dass er nie genug weiß, während der Autobiograph Probleme damit hat, dass er zu viel weiß.«[1] Doch die Bibel, das Buch des Handelns Gottes, zeigt ihn als denjenigen, der über alle und alles Bescheid weiß. Er sagt immer die Wahrheit und tut dies zu unserem Nutzen.

Die Geschichte von Noah und seiner Familie kennt Licht und Schatten. Indem wir jetzt die schändlichen Sünden eines großen Glaubensmannes sehen, wenden wir uns der Schattenseite zu. Dr. William Culbertson, langjähriger Präsident des Moody Bible Institute in Chicago, beendete seine Gebete in der Öffentlichkeit oft mit folgenden Worten: »Und, Herr, gewähre uns einen guten Ausgang!« Gott erhörte dieses Gebet von Dr. Culbertson, doch nicht jeder Gläubige, der sich jetzt im Himmel befindet, konnte bei der Vollendung seines Laufs Gottes »Recht so!« hören. Wir sollten jedoch barmherzig sein und an die Warnung des Paulus denken: *»Daher, wer zu stehen meint, sehe zu, dass er nicht falle«* (1Kor 10,12). Schließlich dachte auch Noah, dass ihm so etwas nicht passieren würde!

1. Tragödie einer Familie (1Mo 9,18-23)

Die Zusammenfassung für das, »was noch geschah«, steht in Vers 18-19. Sowohl die Hauptpersonen – Noah, Sem, Ham und Jafet – als auch das Hauptthema dieses Abschnitts werden erwähnt: Es geht darum, wie sich Noahs Angehörige vermehrten und über die Erde ausbreiteten. Ein heutiger Bibelleser ist versucht, diese Verzeichnisse unbekannter Namen auszulassen, sie behalten aber trotzdem ihre Bedeutung. Diese »unbekannten Menschen« waren Stammväter derjenigen Völker, die während der gesamten biblischen Geschichte in Wechselbeziehungen zueinander standen und dazu beitrugen, Gottes Ziele auf dieser Erde zu verwirklichen. Einige der Nachkommen Sems – das Volk Israel – spielten eine besonders wichtige Rolle auf der Bühne der Geschichte.

Schande (V. 20-21). Noah wurde Farmer wie sein Vater Lamech (Kap. 5,28-29). Die Bibel verurteilt Trunkenheit (Spr 20,1; 23,19-21. 29-35; Jes 5,11; Hab 2,15; Röm 13,13; 1Kor 6,10; Eph 5,18), aber sie verbietet nicht den Anbau oder Genuss von Weintrauben bzw. von Wein. Trauben, Rosinen und Wein waren wichtige Bestandteile der Nahrung orientalischen Völker. Ja, in der alttestamentlichen Gesellschaft wurde Wein als Segen Gottes angesehen (Ps 104,14-15; 5Mo 14,26) und sogar bei der Darbringung von Opfern verwendet (3Mo 23,13; 4Mo 28,7).

An dieser Stelle wird Wein erstmalig in der Schrift erwähnt, doch die Weinherstellung war bereits vor der Sintflut üblich, so dass Noah wissen konnte, welche Auswirkungen zu viel Wein auf ihn haben würde. Einige Bibelausleger haben versucht, Noah zu entlasten, indem sie behaupteten, dass durch die Sintflut der Zustand der Erdatmosphäre verändert und damit Traubensaft erstmals zur Gärung gebracht worden sei, doch dies ist ein schwaches Argument. Noah pflückte die Trauben, zerstampfte sie in der Weinkelter, füllte den Saft in Schläuche und wartete darauf, dass der Saft gärte.

Sowohl Trunkenheit als auch Nacktheit sind schändlich und oft zusammen anzutreffen (1Mo 19,30-38; Hab 2,15-16; Kla 4,21). Alkohol stellt kein Aufputschmittel, sondern ein Rauschmittel dar. Wenn Alkohol das Gehirn angreift, verliert der Betreffende die Selbstbeherrschung. Zumindest befand sich Noah nicht im Freien, sondern in seinem Zelt, als dies geschah. Doch wenn wir seine Stellung (ein Prediger der Gerechtigkeit) und seine Taten (er hatte sein Haus vor dem Tod gerettet) berücksichtigen, stößt uns seine Sünde noch mehr ab.

Die Bibel entschuldigt nicht die Sünden der Gläubigen, sondern erwähnt sie, um uns davor zu warnen, das Gleiche zu tun (1Kor 10,6-13). Spurgeon sagte dazu: »Gott lässt es nie zu, dass seine Kinder unbeschadet sündigen.« Jede Sünde hat ihren Preis.

Zweimal log Abraham hinsichtlich seiner Frau (1Mo 12,10-20; 20,1 ff.), und sein Sohn Isaak folgte seinem schlechten Beispiel (Kap. 26,6-16). Mose verlor die Beherrschung und infolgedessen auch das Vorrecht, das Heilige Land betreten zu dürfen (4Mo 20,7-13). Josua zog vorschnelle Schlüsse und musste am Ende Feinde verteidigen (Jos 9 – 10). David beging Ehebruch mit der Frau eines anderen und sorgte dafür, dass dieser im Kampf getötet wurde (2Sam 11). Daraufhin wurde seine Familie von jahrelangen Konflikten heimgesucht.

Noah hatte nicht beabsichtigt, sich zu betrinken und sich in schamloser Weise zu entblößen, doch genau das geschah. Die Japaner haben diesbezüglich ein treffendes Sprichwort: »Zuerst nimmt sich der Mensch einen Drink, dann nehmen die Drinks kein Ende, und schließlich nimmt der Mensch ein schlimmes Ende.«

Unehrerbietigkeit (V. 22). Ham hätte nicht das Zelt seines Vaters betreten dürfen, ohne hineingerufen zu werden. Rief er seinen Vater, ohne eine Antwort zu bekommen? Fragte er sich, ob dieser krank oder vielleicht sogar tot sei? Wusste er möglicherweise gar, dass sein Vater Wein getrunken hatte? Da diese Fragen im Text nicht beantwortet werden, ist es müßig, dass wir darüber spekulieren. Eines steht fest: Ham war in dem, was er tat, seinem Vater gegenüber unehrerbietig.

Die Art und Weise, wie Menschen auf die Sünden und Peinlichkeiten anderer reagieren, weist auf ihren Charakter hin. Ham hätte einen kurzen Blick in das Zelt werfen, die Situation abschätzen und den Körper seines Vaters bedecken können, ohne jemandem etwas über den Vorfall zu sagen. Statt dessen schien er den Anblick genossen zu haben, um daraufhin seinen beiden Brüdern mit ziemlich respektlosen Worten davon zu erzählen. Vielleicht hat er sogar angeregt, dass auch sie hingehen und es sich ansehen könnten.

Obwohl es noch nicht das mosaische Gesetz gab (*»Ehre deinen Vater und deine Mutter«*; 2. Mose 20,12), ist wahrscheinlich den Kindern eine Achtung den Eltern gegenüber angeboren und diese hätte sich auch in Hams Herz regen sollen. Warum verhielt sich ein Sohn seinem Vater gegenüber so unehrerbietig? Obwohl Ham der jüngste der drei Söhne war, glich er als alttestamentliche Gestalt vielleicht dem »älteren Bruder«, der über seinen Vater verärgert war, weil er etwas Bestimmtes nicht bekam (Lk 15,25-32). Durch seine Tat ließ Ham einen Schwachpunkt in seinem Charakter erkennen, der auch in seinen Nachkommen sichtbar werden konnte.

Ehrerbietung (V. 23). Statt mit Ham zu lachen und sich die beschämende Szene selbst anzusehen, bewiesen Sem und Jafet ihre Liebe zu ihrem Vater dadurch, dass sie Sprüche 10,12 praktisch umsetzten: *»Liebe deckt alle Vergehen zu«* (siehe auch 1Petr 4,8). Die Brüder taten sich zusammen, hielten sein Obergewand hinter ihrem Rücken, gingen mit abgewandten Augen rückwärts in das Zelt und bedeckten Noahs Blöße. *»Wer Vergehen zudeckt, strebt nach Liebe«* (Spr 17,9), und *»wer … die Schmach verborgen hält, ist klug«* (Kap. 12,16).

Liebe *reinigt* nicht von Sünde, denn nur das Blut Christi kann dies bewirken (1Jo 1,7). Auch *sieht* Liebe nicht stillschweigend über Sünde *hinweg*, denn sie will für andere nur das von Gott kommende Allerbeste. Doch statt ständig Sünde aufzudecken und andere zu ermuntern, den entsprechenden negativen Sachverhalt zu verbreiten, *deckt* sie Sünde *zu*. Wenn Menschen sündigen und wir davon wissen, besteht unsere Aufgabe darin, sie im Geist der Sanftmut wieder zurechtzubringen (Gal 6,1-2). Es hat einmal jemand gesagt, dass Christen Gestrauchelte gerne an den Pranger stellen – was leider zu oft stimmt. Doch bevor wir andere verurteilen, sollten wir lieber auf uns sehen, denn wir alle können ein für Christen ungehöriges Verhalten an den Tag legen.

2. Prophetie für eine Familie (1Mo 9,24-29)

Als Noah aus seinem Vollrausch erwachte, schämte er sich wahrscheinlich angesichts dessen, was er getan hatte. Andererseits muss er erstaunt darüber gewesen sein, dass ihn ein Gewand zudeckte. Natürlich fragte er sich, was im Zelt geschehen war, während er geschlafen hatte. Am naheliegendsten war, mit Jafet, seinem Erstgeborenen, zu reden, wobei dieser und Sem ihm mitgeteilt haben müssen, was Ham getan hatte.

Die folgenden Verse umfassen die einzigen Worte Noahs, die in der

Schrift vorkommen. Es ist schade, dass diese kurze Rede als »Fluch« missverstanden und bezeichnet worden ist, weil Noahs Worte als Prophetie eines Vaters über seine Kinder und Enkel betrachtet werden können. Das Wort *»Fluch«* wird nur einmal verwendet, aber es richtet sich gegen Hams jüngsten Sohn Kanaan und nicht gegen Ham selbst. Dies deutet darauf hin, dass Noah die Zukunft seiner Söhne und Enkel aufgrund dessen beschrieb, was er in ihrem Charakter erkannte – ähnlich wie Jakob, bevor er starb (1Mo 49).

Kanaan – Fluch der Sklaverei (V. 25). Wenn Noah hätte einen Fluch aussprechen wollen, hätte er ihn direkt gegen Ham richten können – denjenigen Sohn, der gegen seinen Vater gesündigt hatte. Statt dessen erwähnte Noah dreimal Kanaan. Ein Grundsatz des späteren jüdischen Gesetzes besagte, dass die Kinder nicht für die Sünden ihrer Väter bestraft werden konnten (5Mo 24,16; Jer 31,29-30; Hes 18,1-4), wobei dieser Grundsatz wahrscheinlich schon während der Zeit der Patriarchen galt.[2]

Noah blickte in die ferne Zukunft und sagte dreimal voraus, dass die Nachkommen Kanaans die geringsten aller Knechte werden würden.[3] Die Kanaaniter, die in 1. Mose 10,15-19 aufgeführt werden, verkörpern genau diejenigen Völker, die von den Israeliten geschlagen wurden und deren Land Israel schließlich bewohnte (Kap. 15,18-21; 2Mo 3,8.17; 4Mo 13,29; Jos 3,10; 1Kön 9,20). Es ist schwierig, den moralischen Verfall der kanaanitischen Gesellschaft und insbesondere ihre religiösen Praktiken zu beschreiben, doch die in 3. Mose 18 gegebenen Gesetze vermitteln eine Vorstellung davon, wie sie lebten.[4] Gott warnte die Israeliten davor, mit der kanaanitischen Lebensweise Kompromisse zu schließen. Sie sollten alles vernichten, was sie in dieser Hinsicht verleiten könnte (2Mo 34,10-17; 5Mo 7).

Zwei falsche Auffassungen sollten hier richtiggestellt werden. Erstens waren die Nachkommen Hams keine Angehörigen einer schwarzen Rasse, sondern Weiße. Daher kann der sogenannte »Fluch Kanaans« nicht als Rechtfertigung für die Sklaverei herangezogen werden. Zweitens schufen einige dieser hamitischen Völker, darunter die Babylonier, Assyrier und Ägypter, trotz ihrer gottlosen Lebensweise große und hochentwickelte Zivilisationen. In gewisser Hinsicht können wir sagen, dass die Nachkommen Hams der ganzen Welt »dienten«, indem sie ideelle und materielle Werte schufen und hervorbrachten. Wie bei den Kainiten (1Mo 4,17-24) zeigte sich die Begabung dieser Nationen darin, irdische Werte schaffen zu können (Lk 16,8).

Sem – Segen des Reichtums (V. 26). Noah segnete Sem nicht, sondern pries vielmehr *»den HERRN, den Gott Sems«*. Indem er dies tat, gab Noah Gott für sein künftiges Handeln an den Nachkommen Sems die Ehre. Noah erkannte vor seinen Söhnen an, dass alles, was Sem besitzen würde, Gottes Gabe wäre. Jeglicher Segen, den Sem der Welt zukünftig bringen sollte, würde Ausdruck göttlicher Gnade sein.

Sem ist bekanntlich der Vorfahre Abrahams (Kap. 11,10-32), des Stammvaters des Volkes Israel. Noah sprach daher letztlich über dieses Volk. Dass der Herr dem Volk Israel geistlichen Reichtum schenken würde, war Inhalt der Verheißung an Abraham (Kap. 12,1-3) und wurde später von Paulus erklärt (Röm 3,1-4; 9,1-13). Weil es Israel gibt, kennen wir den wahren Gott, das geschriebene Wort Gottes und den Erretter Jesus Christus, der in Bethlehem im Stamm Juda geboren wurde. Im Hebräischen bedeutet *»Sem«* »Name«, wobei es das Volk Israel gewesen ist, das den Namen des Herrn bewahrt hat.

Sem war Noahs zweitgeborener Sohn (1Mo 9,24; 10,21), doch überall dort, wo die drei Söhne aufgeführt werden, erscheint Sems Name zuerst (Kap. 5,32; 6,10; 9,18; 10,1; 1Chr 1,4). Dies ist ein weiteres Beispiel dafür, dass im ersten Buch Mose Gott in seiner Gnade den Zweitgeborenen in den Stand des Erstgeborenen einsetzte. Gott erwählte Abel statt Kain (1Mo 4,4-5), Isaak statt Ismael (Kap. 17,5-22) und Jakob statt Esau (Kap. 25,19-23). Paulus erörtert diese tiefgründige theologische Wahrheit in Römer 9.

Jafet – Segen des weiten Raums (V. 27). Er war der Ahne derer, die wir im Allgemeinen als »heidnische Völker« bezeichnen. Wir finden hier ein Wortspiel, denn im Hebräischen ist der Name *»Jafet«* sehr eng mit demjenigen Wort verwandt, das »erweitern« bedeutet. Die Hamiten schufen große orientalische Zivilisationen, während sich die Semiten im Land Kanaan und den umliegenden Gebieten ansiedelten. Die Jafetiten breiteten sich jedoch noch weiter aus als die Nachkommen der anderen Noahsöhne, so dass sie sogar das heutige Kleinasien und Europa erreichten. Sie bildeten eine Volksgruppe, die sich rasch vermehrte und neue Gebiete erschloss.

Obwohl die Nachkommen Jafets hinsichtlich ihrer Gebietserweiterungen erfolgreich waren, würden sie sich, wenn es um geistliche Dinge ging, an Sem wenden müssen. Gott ist der Gott Sems, wobei die Nachkommen Jafets Gott *»in den Zelten Sems«* finden würden. Israel wurde von Gott als *»Licht der Nationen«* (Jes 42,6; 49,6) erwählt, denn *»das Heil ist aus den Juden«* (Joh 4,22). Leider muss man sagen, dass das Volk Israel weithin bei seiner Aufgabe versagte, den Nationen den Glauben an den wahren und lebendigen Gott zu bezeugen (Jes 52,5; Römer 2,24).

Als Jesus auf die Erde kam, hat er den Nationen Licht gebracht (Lk 2,32), wobei die Apostel und die Urgemeinde jenes Licht zu den Nationen trugen (Apg 1,8; 13,47). Die Nachkommen der drei Söhne Noahs waren auch in der Gemeinde der Frühzeit vertreten: der äthiopische Kämmerer, ein Nachkomme Hams (Apg 8,26 ff.);[5] Paulus, ein Nachkomme Sems (Apg 9), sowie Kornelius und seine Angehörigen, die Nachkommen Jafets waren (Apg 10).

Noah lebte noch dreieinhalb Jahrhunderte, und wir haben allen Grund zu glauben, dass er mit Gott wandelte und ihm treu diente. Was den biblischen Bericht betrifft, kam er nur einmal zu Fall. Gewiss tat er Buße und erfuhr die Vergebung des Herrn. In unserem Wandel mit Gott erklimmen wir Berge; aber mitunter steigen wir auch in die Täler hinab. Alexander Whyte sagte dazu: »Das sieghafte Leben eines Christen besteht aus einer Reihe von Neuanfängen.«

3. Nachkommen einer Familie (1Mo 10,1-32)

Dieses Kapitel ist als »Völkertafel« bekannt und gilt als einzigartig in den Annalen antiker Geschichte. Der Zweck des Kapitels wird zu Beginn (V. 1) und am Ende angegeben (V. 32): Es will erklären, wie die Erde im Anschluss an die Sintflut von den Nachkommen der drei Söhne Noahs wiederbevölkert wurde. In 1. Chronik 1 findet man eine ähnliche (aber nicht identische) Auflistung.

Vorsicht! Bevor wir uns einige Einzelheiten dieses Kapitels ansehen, um daraus einige geistliche Lektionen zu lernen, müssen wir einige Warnungen beachten.

Erstens umfasst die Auflistung keinen typischen Stammbaum, der nur die Namen von Nachkommen angibt. Der Schreiber erinnert uns daran, dass diese Abkömmlinge ihre eigenen *»Sippen … Sprachen … Länder* (und) … *Nationen«* (1Mo 10,31) hatten. Mit anderen Worten: Dies ist ein um geographische und geschichtliche Angaben erweiterter Stammbaum. Darin verfolgen wir die Wanderungen der Völker und Nationen in der antiken Welt.

Zweitens ist die Auflistung nicht vollständig. Beispielsweise werden Edom, Moab und Ammon nicht erwähnt, obwohl dies in der biblischen Geschichte wichtige Völker waren. Die Tatsache, dass es in diesem Verzeichnis siebzig Völker gibt, deutet darauf hin, dass sich hier wahrscheinlich nicht um eine vollständige Auflistung, sondern um eine bewusste Auswahl handelt – eine Methode, die oft angewandt wurde, wenn man solche Auflistungen anfertigte.[6] Es waren siebzig Personen, die als Angehörige der Familie Jakobs nach Ägypten zogen (1Mo 46,27; 2Mo 1,5), und unser Herr sandte siebzig Jünger aus, die das Wort verkündigen sollten (Lk 10,1).

Drittens ist es schwierig, einige dieser Nationen zu identifizieren und ihnen »moderne« Namen zu geben. Im Laufe der Jahrhunderte konnten Nationen sich anders bezeichnen, an andere Orte ziehen, ihre Sprache ändern und durch Mischehen sogar in rassischer Hinsicht Veränderungen unterworfen sein.

Jafets Nachkommen (V. 2-5). Nachdem sieben Söhne genannt worden sind, werden von lediglich zwei Söhnen sieben Enkel aufgeführt. Bedeutet dies, dass den anderen fünf Söhnen keine Kinder geboren wurden, oder stellt dies ein weiteres Beispiel dafür dar, dass der Verfasser selektiv vorging? Jafet ist der Vorfahre der heidnischen Völker, deren Siedlungsgebiet nördlich und westlich des Landes Kanaan lag. Damit würden die fernen Länder gemeint sein – diejenigen Nationen, die für den durchschnittlichen alttestamentlichen Juden an den »äußersten Grenzen« der Zivilisation lebten (Ps 72,8-10).

Hams Nachkommen (V. 6-20). Kusch umfasst das antike Äthiopien (nicht mit dem heutigen Äthiopien identisch). Mizrajim ist Ägypten und Put möglicherweise Libyen. Wir sind bereits kurz auf die Völker Kanaans eingegangen. Die Nachkommen Hams siedelten in Gebieten, die wir heute als Ägypten, Palästina, Sudan, Saudi-Arabien und Jemen identifizieren würden.

An dieser Stelle befindet sich in der Auflistung ein »Einschub«, um Nimrod, einen berühmten Mann und Gründer eines großen Reiches, zu beschreiben (V. 8-12). Er wird erwähnt, weil die Nationen, deren Stammvater er war, eine wichtige Rolle in der Geschichte Israels spielten und weil die Hauptstadt einer dieser Nationen (Babel) im nächsten Kapitel des ersten Buches Mose dargestellt wird.

In der *Revidierten Elberfelder Bibel* wird Nimrod als *»der erste Gewaltige auf der Erde«* und als *»gewaltiger Jäger vor dem HERRN«* bezeichnet (V. 8-9). Das mit »gewaltig« übersetzte Wort bezieht sich auf einen Helden, einen hinsichtlich der Kraft und Kühnheit anderen überlegenen Menschen. Es wird in 1. Könige 1,8 und 10 mit *»Helden«* wiedergegeben und meint Davids spezielle Leibwache. Im Text wird im Blick auf Nimrod nicht das Bild eines der Jagd frönenden Sportlers,[7] sondern vielmehr das eines Tyrannen gezeichnet, der rücksichtslos Menschen unterjochte und ein Reich gründete. Er baute vier Städte in Schinar (Babylon) und vier weitere in Assyrien. Sowohl Babylon als auch Assyrien wurden diejenigen Feinde Israels, die Gott gebrauchte, um sein ungehorsames Volk zu züchtigen. Im nächsten Kapitel werden wir mehr über Babylon erfahren.

Sems Nachkommen (V. 21-31). Sem wird gewöhnlich zuerst erwähnt, doch hier erscheint er als letzter, damit der Verfasser nahtlos zu der Geschichte vom Turmbau und dem Stammbaum Abrahams, eines Nachkommens Sems, übergehen kann (Kap. 11,10ff.). Es werden fünf Söhne erwähnt, doch der Schwerpunkt liegt auf der Familie Arpachschads, weil er der Großvater Ebers war (Kap. 10,24). Abraham, der Stammvater des Volkes Israel, ging aus dem Geschlecht Ebers hervor. Seine Lebensgeschichte beginnt in Kapitel 12.[8]

In Kapitel 10,25 gibt es einen weiteren »Einschub«. Dort wird die Teilung der Erde während der Tage Pelegs (»Teilung«) beschrieben. Dies bezieht sich wahrscheinlich auf die in Kapitel 11 dargestellte Teilung und Zerstreuung der Nationen. Einige Bibelausleger meinen jedoch, dass diese »Teilung« mit dem beispiellosen Auseinanderbrechen der Kontinente und der Neugestaltung der Landmassen zu tun hat.[9]

Bedeutung. Diese Auflistung von Namen und Orten vermittelt gewisse bedeutsame theologische Wahrheiten, zu denen vor allem die Tatsache gehört, dass *Jahwe Gott der Herr der Nationen ist.* Gott gab den

Nationen ihr Erbe (5Mo 32,8) und bestimmte *»festgesetzte Zeiten und die Grenzen ihrer Wohnung«* (Apg 17,26). Trotz der Existenz von Despoten wie Nimrod ist Jahwe der Gott der gesamten Erde und der ganzen Geschichte. Er hat alles unter Kontrolle. Was Gott verheißt, führt er aus, wobei sich Noahs Prophetie bezüglich seiner Söhne bewahrheitete.

Zweitens ist trotz äußerer Unterschiede festzustellen: *Alle Nationen gehören zu der gleichen Menschheitsfamilie.* Gott erschuf uns alle *»aus einem«* (Apg 17,26). Daher kann keine Rasse oder Nation behaupten, irgendeiner anderen Rasse oder einem anderen Volk überlegen zu sein. Obwohl Gott in seinem vorausschauenden Handeln zugelassen hat, dass einige Nationen wirtschaftlich und politisch schneller voranschritten als andere Völker, beweisen ihre Leistungen nicht, dass sie besser als andere sind (Spr 22,2).

Drittens: *Gott will sein Ziel hinsichtlich der Nationen verwirklichen.* Der Bericht in 1. Mose 9,24 – 11,32 verdeutlicht, dass Israel Gottes auserwähltes Volk war. Ab Kapitel 12 wird Israel im Mittelpunkt des Geschehens stehen. Doch Gott gebrauchte Ägypten, Babylon, Assyrien, Medopersien und Rom, um seine Ziele hinsichtlich des Volkes Israel zu erreichen. Gott kann heidnische Herrscher wie Nebukadnezar, Kyrus, Darius und sogar Kaiser Augustus gebrauchen.

Viertens: *Gott kümmert sich um alle Nationen.* Im Buch der Psalmen findet man häufig die Wendung *»alle Welt«* oder *»alle Nationen«*. Sowohl Psalm 66,1-8 als auch Psalm 67 bringen diese allumfassende Vision zum Ausdruck, dass alle Nationen der Erde kommen, um Gott kennenzulernen und ihm zu dienen. Der Auftrag der Gemeinde, in alle Welt zu gehen, beinhaltet keinen nachträglich eingefügten Gedanken des Neuen Testaments, sondern ist vielmehr untrennbar mit dem Kern der alttestamentlichen Botschaft verbunden.

Schließlich muss das in 1. Mose 9 – 10 schriftlich Festgehaltene für die Angehörigen des Volkes Israel eine Ermutigung gewesen sein, als sie Kanaan eroberten. Sie wussten, dass sie das auserwählte Volk Gottes waren und dass die Kanaaniter ihre Knechte sein würden. Ihnen war auch bekannt, dass ihr Gott der Herr der Nationen war und über diese nach Belieben verfügen konnte. Die Eroberung Kanaans war ein Sieg des Glaubens an die Verheißungen Gottes. Daher ermahnte Gott auch Josua, über sein Wort nachzusinnen (Jos 1,8).

Obwohl Noahs drei Söhne der Welt ein zwiespältiges Erbe hinterließen, war der Herr der Nationen nach wie vor der Gebieter. Noch immer gilt, dass er das Drehbuch der Geschichte schrieb.[10]

ZWÖLF

1. Mose 11

Achtung: Gott ist am Werk

»Der Mensch denkt, Gott lenkt.«

Diese bekannte Aussage ist schon benahe eine fromme Redensart. Viele Menschen, die sie benutzen, wissen nicht einmal, was sie bedeutet. Sie wurde von dem Augustinermönch Thomas a Kempis ([Thomas von Kempen], ca. 1380-1471) in seinem vielgelesenen Buch *Nachfolge Christi* erstmals aufgeschrieben. Eine erweiterte Version stellt das Sprichwort »Der Mensch tut, was er kann, doch Gott tut, was er will« dar. Salomo gebrauchte mehr Worte, fand aber dafür die beste Formulierung: *»Viele Gedanken sind im Herzen eines Mannes; aber der Ratschluss des HERRN, er kommt zustande«* (Spr 19,21).

Nur wenige Kapitel in der Bibel veranschaulichen diese Wahrheit besser als 1. Mose 11. Wenn man den Bericht über den Turmbau zu Babel liest und dann zu den darauf folgenden Stammbäumen übergeht, hat man unmittelbar den Eindruck, dass Gott in seiner Welt am Werk ist und seine Ziele trotz der Pläne und Vorhaben sündiger Menschen erreicht.

1. Eine Auflehnung – Gott setzt eine Grenze (1Mo 11,1-9)

Vier große Ereignisse sind in 1. Mose 1 – 11 aufgezeichnet: die Erschaffung des Universums, der Sündenfall, die Sintflut und der Versuch, den Turm zu Babel zu bauen. Diese Kapitel lassen erkennen, dass Gott dort, wo die Menschheit ihm ungehorsam ist, Sünde richtet und dann in seiner Gnade neu anfängt.

Adam und Eva sündigten, doch Gott bekleidete sie und gab die Verheißung, der Welt einen Erlöser zu senden. Kain erschlug Abel, doch Gott gab Set, damit die Linie der Gottesfürchtigen weitergeführt werden konnte. Die Setiten gingen Mischehen mit den gottlosen Kainiten ein, so dass Gott die Erde durch eine Flut von Grund auf reinigen musste. Noah und seine Familie glaubten jedoch Gottes Wort und wurden verschont. Nach der Sintflut ging von den drei Söhnen Noahs die Wiederbevölkerung der Erde aus. Aber der Neuanfang mit Noah führte schließlich zu einer der größten, gegen Gott gerichteten Manifestationen menschlicher Arroganz, die in der Schrift aufgezeichnet sind.

Rebellion (V. 1-4). Es ist anzunehmen, dass die Ereignisse in Kapitel 11 vor dem Großteil der in Kapitel 10 beschriebenen Entwicklungen geschahen und dass die Zerstreuung in Kapitel 10 die Folge des göttlichen Gerichts in Babel war. Vielleicht fügte der Verfasser diesen Bericht gerade hier im ersten Buch Mose ein, damit er danach zum Stammbaum Sems überleiten konnte, an den sich der Stammbaum Abrahams, des Stammvaters des Volkes Israel, anschließt. Demnach folgt die Anordnung literarischen und nicht chronologischen Gesichtspunkten.

Gott hatte den Menschen geboten, fruchtbar zu sein und sich zu vermehren und sich auf der Erde auszubreiten, doch sie beschlossen, in Nimrods Stadt Babylon zu ziehen und sich dort anzusiedeln (Kap. 10,8-12). Mit dieser Verhaltensweise rebellierten sie unverhohlen gegen Gottes Gebot, wonach sich die Menschen zerstreuen sollten. Offensichtlich wollte Nimrod, dass sie in seinen Städten und damit unter seiner Herrschaft lebten.

Der »*Turm*«, den man in Babel baute, ist uns heute als »Ziggurat« bekannt. Archäologen haben mehrere dieser großen Bauwerke ausgegraben, die vorrangig für religiöse Zwecke errichtet wurden. Ein Ziggurat glich einer Pyramide, besaß jedoch mehrere abgestufte Plattformen, so dass man über »Stufen« bis zur Spitze gelangen konnte. Auf der Spitze befand sich ein besonderes Heiligtum, das einem Gott oder einer Göttin geweiht war. Als sie dieses Bauwerk errichteten, wollten die Menschen nicht bis zum Himmel hinaufsteigen, um Gott zu entthronen. Vielmehr hofften sie, dass die von ihnen verehrten Götter oder Göttinnen vom Himmel herabkommen würden, um ihnen zu begegnen. Das Bauwerk und die Stadt wurden »*Babel*« genannt, was »Tor der Götter« bedeutet.

Dieses berüchtigte Vorhaben stellte eine arrogante Kriegserklärung an den Herrn dar und hat Parallelen zu der in Psalm 2,1-3 beschriebenen Erhebung. Anfangs widersetzten sich die Menschen Gottes Anordnung, sich auszubreiten und die Erde wieder zu bevölkern. Vielleicht von Furcht sowie Stolz getrieben, beschlossen sie, eine Stadt und ein großes Ziggurat zu bauen, um das sie sich in großer Zahl scharen wollten. Doch damit nicht genug: Sie wollten sich einen Namen machen, so dass andere sie bewundern, herzukommen und sich ihnen vielleicht anschließen würden. Ihre Absichtserklärung entsprach der Lüge des Teufels in Eden: *»Ihr … werdet* (sein) *wie Gott«* (1Mo 3,5).

Die Menschen verfügten über mehrere Voraussetzungen, die ihr Vorhaben begünstigten. Sie waren tatsächlich eine »vereinte Nation«, ein Volk (Kap. 11,6). Sie sprachen eine Sprache und gebrauchten die gleichen Wörter und Wendungen.[1] Sie wurden vom Geist des Hochmuts und vom zwanghaften Verlangen getrieben, sich einen Namen zu machen. Das Einzige, was fehlte, war die göttliche Zustimmung.

Gottes Reaktion (V. 5-9). Der Historiker Charles Beard schrieb: »Wen die Götter zugrunde richten wollen, machen sie zunächst machttrunken.«[2] Von Babel bis Belsazar (Daniel 5) sowie von Herodes (Apg 12,20-25) bis Hitler hat Gott wiederholt erkennen lassen, dass es sich nicht lohnt, gegen seinen Willen aufzubegehren. *»Vor dem Verderben kommt Stolz, und Hochmut vor dem Fall«* (Spr 16,8). Jesus wies nachdrücklich darauf hin, dass diejenigen, die sich selbst erhöhen, erniedrigt werden (Mt 23,12).

Der Gott des Himmels ist aufgrund dessen, was Menschen auf Erden tun, nie in Verlegenheit oder handlungsunfähig. Babels anmaßendes *»Lasst uns hinaufsteigen!«* konnte ihn nicht erschüttern. Seine Reaktion war: *»Lasst uns herabfahren!« »Der im Himmel thront, lacht, der Herr spottet über sie«* (Ps 2,4). Natürlich muss Gott keine Erkundigungen einziehen, weil er alles weiß, was in seinem Universum geschieht. Die Wortwahl soll hier nur das Einschneidende des göttlichen Eingriffs unterstreichen.

Wie im Fall von Adam und Eva im Garten (1Mo 3,22-24), befasste sich Gottes Gericht in Babel nicht nur mit den unmittelbaren Sünden, sondern trug auch dazu bei, künftigen Problemen vorzubeugen. Die Einheit der Menschheit hätte die Menschen in ihrem Machtwahn nur bestärkt und zu einer noch größeren Rebellion gegen Gott geführt. Indem er ihre Sprache verwirrte und sie über die ganze Erde zerstreute, schonte Gott in seiner Gnade ihr Leben und gab ihnen die Möglichkeit, zu ihm umzukehren. Obwohl er die Erbauer, ihre Stadt und ihren Turm hätte vernichten können, zog er es vor, sie am Leben zu lassen.

Das Wort *»Babel«* klingt im Hebräischen an den Ausdruck »balal« (»Verwirrung«) an. Aufgrund des Gerichts Gottes wurde das »Tor der Götter« zu dem »Tor der Verwirrung«. Statt dass sich die Erbauer einen Namen machten, gab Gott dem Vorhaben einen neuen Namen! In seiner Gemeinde gilt: *»Gott ist nicht ein Gott der Unordnung«* (1Kor 14,33), doch in der Welt gebraucht Gott manchmal die Verwirrung, um Menschen zu demütigen und sie davon abzuhalten, sich gegen seinen Willen zu vereinen.

Im Hebräischen bedeutet das Wort *»Sem«* »Name«, wobei Abraham, einem Nachkommen Sems, verheißen war, dass Gott seinen Namen groß machen würde (1Mo 12,2). Die irdisch gesinnten Menschen verlassen sich auf die eigene Weisheit sowie eigene Anstrengungen und können dennoch keinen bleibenden Ruhm erlangen. Wer kennt schon den Namen irgendeines Menschen, der an dem berühmten Turm zu Babel arbeitete? Andererseits ist der Name *»Abraham«* auf der ganzen Welt bekannt. Juden, Muslime und Christen halten ihn in Ehren. Es gibt einen gewaltigen Unterschied zwischen dem *»Wir wollen uns einen Namen machen!«* der Menschheit und dem göttlichen *»Ich will deinen Namen groß machen!«*

Das erste Buch Mose hebt Namen hervor, wobei Gott in diesem Buch mehrfach Namen ändert. So wird beispielsweise Abram in Abraham umbenannt, Sarai in Sara, Esau in Edom, Jakob in Israel usw. Wenn Gott einen Namen gibt, ist dies viel bedeutender, als wenn wir etwas benennen. Als Gott die Welt erschuf, gab er den betreffenden Dingen Namen. Später beauftragte er Adam, die Tiere zu benennen. Mit dem Wort *»Babel«* verbinden heute sehr wenige Menschen die Bedeutung »Tor der Götter«, die meisten denken dabei eher an »Verwirrung«.

Unsere Antwort. Die Geschichte vom Turmbau zeichnet nicht nur historische Ereignisse der Antike nach. Babel und Babylon stellen vielmehr für jeden Gläubigen heute eine geistliche Herausforderung dar.

Babylon wurde schließlich zu einer großen Stadt und zum Mittelpunkt eines großen Reiches. Im Jahr 606 v. Chr. griff das babylonische

Heer das Reich Juda erstmals an und eroberte es 586 v. Chr. endgültig. Der Tempel und die Stadt Jerusalem wurden niedergebrannt und Tausende von Juden für siebzig Jahre gefangen nach Babylon weggeführt. Gott gebrauchte die grausamen und götzendienerischen Babylonier, um sein ungehorsames Volk zu züchtigen.

Doch in der Schrift versinnbildlicht Babylon weltlichen Hochmut, moralische Verkommenheit und Auflehnung gegen Gott. In der Bibel findet sich der Gegensatz zwischen der gegen Gott aufbegehrenden irdischen Stadt Babylon und der himmlischen Stadt Jerusalem, die Gott Ehre darbringt. Vielleicht wollen Sie daraufhin Jeremia 50 – 51 und Offenbarung 17 – 19 lesen, um die Gegensätze zwischen diesen beiden Städten zu erkennen. Babylon verkörpert die Ordnung dieser Welt, die sich Gott widersetzt und Jesus Christus hasst, und die niederen Begierden der menschlichen Natur. Babylon stellt das Gegenstück zum himmlischen Jerusalem dar, das die Stadt der Heiligen ist (Hebr 12,18 ff.).

Im ursprünglichen Babel wollten die Menschen einen Turm bauen, der bis zum Himmel reichen sollte, doch im Babylon von Offenbarung 17 – 18 reichen dessen Sünden bis zum Himmel (Kap. 18,5). Die ursprüngliche weltweite Einheit, die Nimrod in Blick auf das Babylon des ersten Buches Mose anstrebte, wird einst durch Satans gottlose Weltordnung erreicht werden (V. 3.9.11.23). Das irdische Babylon wird als *»Hure«* bezeichnet, während die aus dem Himmel kommende heilige Stadt Braut Christi genannt wird (Kap. 17,1; 21,9 ff.).

»Jede Generation baut ihre eigenen Türme«, schreibt die Psychotherapeutin Naomi H. Rosenblatt. Damit hat sie Recht.[3] Ob es sich dabei um Wolkenkratzer im eigentlichen Sinne (z. B. den Sears Tower und Tribune Tower in Chicago, den Eiffelturm in Paris bzw. den Trump Tower in New York) oder um Megakonzerne mit weltweiten Niederlassungen handelt – der Gedanke ist der gleiche: *»Wir wollen uns einen Namen machen.«* Wir können als Angehörige des Volkes Gottes nicht aus der Welt fliehen, weil wir in der Welt unseren Dienst ausüben sollen, doch wir dürfen nicht von der Welt sein. Wir befinden uns nicht hier, um Türme menschlicher Überheblichkeit zu errichten, sondern sollen vielmehr mithelfen, die Gemeinde Jesu Christi zu bauen.[4]

Was die Menschheit mit Hilfe ihrer »stolzen Türme« nicht erreichen kann, hat Jesus Christus dadurch erreicht, dass er in schmachvoller Weise an einem Kreuz starb. Alle, die Jesus Christus vertrauen, sind eins in ihm (Gal 3,27-28) und werden ungeachtet ihrer rassischen, ethnischen, sprachlichen oder stammesmäßigen Herkunft gemeinsam am Himmel Anteil haben (Offb 7,9). Obwohl die Weltordnung äußerlich gesehen Einheitlichkeit hervorbringt, reißt sie innerlich Zusammengehörendes auseinander. Was Sozialwissenschaftler heute als Herrschaft der Technik (»Technopoly«) bezeichnen, kontrolliert das Leben der Menschen.[5]

Doch der Heilige Geist gebraucht die Gemeinde als Werkzeug der Versöhnung, um alles in Jesus Christus zusammenzufassen (Eph 1,10; 2Kor 5,14-21). In gewisser Hinsicht stellte Pfingsten eine Umkehrung von Babel dar, denn die zu diesem Zeitpunkt in Jerusalem anwesenden Menschen hörten den Lobpreis Gottes in ihrer eigenen Sprache (Apg 2,1-12). Es wird der Tag kommen, an dem Menschen aus jedem Stamm und jeder Nation Jesus Christus anbeten werden (Offb 15,4). Dann wird das Gericht über Babel der Vergangenheit angehören (Zeph 3,9).

Jeder Mensch muss eine Entscheidung treffen. Identifizieren wir uns mit Babylon oder Jerusalem, mit der weltlichen Hure oder der himmlischen Braut?

2. Eine Familie – Gott sorgt (1Mo 11,10-26)

Gott hatte verheißen, dass er einen Erlöser, den Samen der Frau (Kap. 3,15), senden würde, der Satan bezwingen und Heil bringen sollte. Noahs Prophetie ließ erkennen, dass Gott die Welt durch die Linie Sems segnen würde – durch die »Semiten«, von denen das Volk Israel abstammte (Kap. 9,26-27). *»Sem, der Vater aller Söhne Ebers«* heißt es in Kapitel 10,21. Es ist anzunehmen, dass sich das Wort »Hebräer« von dem Wort »Eber« ableitet.

Das erste Buch Mose gibt uns in Kapitel 10,21-29 und 11,10-26 zwei Stammbäume Sems. Der erste Stammbaum zählt alle fünf Söhne und fünf Enkelsöhne Sems auf, konzentriert sich dann aber auf die Nachkommen Arpachschads – auf Schelach bzw. Eber und auf die beiden Söhne Ebers, Peleg und Joktan. Er führt viele Söhne Joktans auf, übergeht aber Pelegs Nachkommen. Doch der Stammbaum in Kapitel

11 greift Pelegs Linie in dieser Vätergeschichte auf und führt uns bis zu Abraham. Der Stammbaum in 1. Mose 5 stellt die Geschlechterfolge von Adam bis Noah dar, während der in 1. Mose 11 befindliche von Noahs Sohn Sem bis zu Terach und seinem Sohn Abraham verläuft.

Die einzige Übereinstimmung zwischen dem Verzeichnis in Kapitel 11,10-26 und dem Stammbaum in 1. Mose 5 besteht darin, dass beide zehn Generationen umfassen. Zunächst enthält das Verzeichnis nicht die wiederholt erscheinende Wendung *»dann starb er«*. Das Schwergewicht liegt vielmehr darauf, wie alt der Betreffende bei der Geburt seines erstgeborenen Sohnes war. Die in Kapitel 11,10-26 genannten Menschen lebten nicht so lange wie die in 1. Mose 5 erwähnten Personen. Das Verzeichnis beginnt mit Noahs 950 Jahren und sinkt bis auf 148 Jahre (im Falle Nahors). Die nachsintflutlichen Generationen spürten nun allmählich am eigenen Leib die körperlichen Folgen der Sünde.

Das Wichtige hinsichtlich dieses Stammbaums besteht darin, dass er die Treue Gottes festhält. Gott wacht über seinem Volk und erfüllt seine Verheißungen. Was für uns nur eine Aufzählung von Namen ist, beinhaltete für Gott den »Brückenschlag« von der Erwählung Sems bis zur Berufung Abrahams. Gott ließt sich dazu herab, Menschen zur Verwirklichung seines Willens auf Erden zu gebrauchen, wobei Menschen hinfällige Wesen und nicht immer gehorsam sind. Doch der »Brückenschlag« war vollzogen, und die Bundesverheißungen behielten ihre Gültigkeit.

3. Ein Volk – Gott fängt neu an (1Mo 11,27-32)

Wenn 1. Mose 1 – 11 eine Darstellung von vier sehr wichtigen Ereignissen (Schöpfung, Sündenfall, Sintflut und Gericht in Babel) beinhaltet, dann umfasst 1. Mose 12 – 50 die Lebensgeschichte von vier bedeutenden Menschen, und zwar von Abraham, Isaak, Jakob und Joseph. Im vorliegenden Abschnitt ragen fünf Personen heraus: Abraham und seine Frau Sara;[6] Abrahams Vater Terach und Nahor sowie Haran, Abrahams Brüder. Haran starb und hinterließ seinen Sohn Lot.

Gottes Ziel bestand darin, einen Mann und eine Frau als Stammeltern einer Familie zu berufen. Ausgehend von dieser Familie würde er eine Nation entstehen lassen, und diese Nation sollte der Segensträger Gottes für alle Nationen der Erde werden (Kap. 12,1-3; 18,18). Von Anfang bis Ende beinhaltete dies ein Werk göttlicher Gnade, denn als Gott Abraham und Sara berief, gehörten sie zu einer Familie, die Götzen verehrte (Jos 24,2). Sowohl in Ur in Chaldäa als auch in Haran betete man den Mondgott an.

Nach Stephanus (Apg 7,2) erschien *»der Gott der Herrlichkeit«* Abraham, um ihn zu berufen, nach Kanaan zu ziehen. Abraham muss diese erstaunliche Botschaft seinen Angehörigen mitgeteilt und ihnen gesagt haben, dass er und Sara aufbrechen würden. Er sollte nur Sara mitnehmen und dann fortziehen, ohne dass seine Angehörigen mitkamen (1Mo 12,1). Zunächst aber zogen alle mit – außer seinem Bruder Nahor (A.d.Ü.: In Kapitel 11,31 wird Nahor nicht erwähnt. Es ist möglich, dass er später nachzog und sich in Haran niederließ, um das Erbe seines Vaters anzutreten. Er war ja nach dem Tod Harans und dem Wegzug Abrahams der einzige Sohn, der in Mesopotamien zurückblieb.). Haran, der andere Bruder, war ja bereits gestorben. Nahor und seine Frau Milka werden im weiteren Verlauf des Genesis-Berichts wieder in Erscheinung treten (Kap. 22,20), doch Nahor *war derjenige, der auf dem Weg zurückblieb.* Wenngleich er zunächst im von Götzen geprägten Ur in Chaldäa blieb, stellt sich die Frage: Glaubte Nahor dem, was ihm sein Bruder über den wahren Gott der Herrlichkeit sagte? Wir hoffen es.

Es hat zumindest den Anschein, dass Terach glaubte und diesen Zug seiner Familie anführte (Kap. 11,31). Terach *war jedoch derjenige, der auf halbem Weg stehenblieb.* Er reiste 800 km, bis er in die Stadt Haran kam. Dort ließ er sich nieder, und dort starb er auch. Vielleicht wurde ihm die Reise zu lang, doch Gottes Plan bestand darin, dass Abraham und Sara ihm ohne ihre Angehörigen folgten. Nach dem Tod Terachs blieb nur Lot, der Sohn des bereits in Ur verstorbenen Haran, bei ihnen. Lot *war schließlich derjenige, der vom rechten Weg abirrte*, weil er später Abraham verließ und sich in der gottlosen Stadt Sodom ansiedelte (Kap. 13,10-13; 14,12; 19,1 ff.).

Das Bemerkenswerte an Gottes Berufung für Abraham und Sara bestand darin, dass sie kinderlos waren. Abram bedeutet »erhabener Vater«, doch bisher war er überhaupt kein Vater! Als Anwärter dafür, Kinder zu haben und damit Stammeltern eines großen Volkes zu sein, kamen sie am allerwenigsten in Frage. Doch Gottes Wege sind nicht unsere Wege (Jes 55,8-9). Indem er ein unfruchtbares Ehepaar berief und segnete, wollte der Herr die Größe seiner Macht und Herrlichkeit offenbaren. Abram würde den neuen Namen »Abraham« erhalten, was »Vater vieler Nationen« bedeutet.

Es gibt einen deutlichen Gegensatz zwischen den menschlichen Wegen in Babel und Gottes Wegen bei der Berufung von Abraham und Sara. Die Welt verlässt sich auf einflussreiche Menschen in großer Zahl, um Leistungen zu vollbringen, doch Gott erwählte zwei schwache Menschen als Stammeltern eines neues Volkes. Die Menschen in Babel wollten sich einen Namen machen, doch Gott gab Abraham die Verheißung, seinen Namen groß zu machen. Die Erbauer des Turms zu Babel hielten sich an die Weisheit dieser Welt, doch Abraham und Sara vertrauten dem Wort Gottes (Hebr 11,11-12). Babel entstand infolge der Tatkraft seiner von Stolz getriebenen Erbauer, doch das Volk Israel entstand, weil die Gnade und Macht Gottes – gerade auch unter Verwendung menschlicher Schwachheit – am Werk war.

Unter uns, die wir in einer konfusen Welt leben, ist Babel noch immer zu finden. Doch Gott hat nach wie vor seinen treuen Überrest, der ihm im Glauben folgt und die himmlische Stadt im Auge behält (V. 13-16).

Gehören Sie zu diesem Überrest?

DREIZEHN

Überblick über 1. Mose 1 – 11

Zurück zu den Grundlagen

Was das Fundament für ein Haus, was das Grundgesetz für die Gesetze der Bundesrepublik Deutschland und was das Periodensystem der Elemente für die Chemie ist, das ist das erste Buch Mose für die Bibel. Es hat grundlegenden Charakter. Wenn man die grundlegenden Wahrheiten des ersten Buches Mose – insbesondere der Kapitel 1 – 11 – versteht, erhält man den Schlüssel, den man braucht, um Zugang zu den übrigen biblischen Büchern zu finden und zur Ehre Gottes zu leben. Doch im weiteren Verlauf bleiben wir nicht bei 1. Mose 1 – 11 stehen, sondern bauen darauf auf.

Sehen wir uns einige dieser Grundlagen an.

1. Gott ist ein reales Wesen, dem wir vertrauen können.

Die Bibel beginnt mit einem Zeugnis bezüglich der Existenz Gottes: *»Im Anfang … Gott«* (Kap. 1,1). Das erste Buch Mose bietet keine philosophischen Argumente, um Gottes Existenz zu beweisen, sondern sieht in ihm einfach den Ursprung aller Dinge. Wenn Sie Ihre Bibel aufschlagen, ist Gott da, wobei er[1] schon da war, bevor die Bibel niedergeschrieben und sogar bevor das Universum erschaffen wurde.

Der Gott, dem Sie in 1. Mose 1 – 11 begegnen, ist nicht nur ewig, sondern er ist auch weise und mächtig. Er ist ein großer Gott. Seine Macht ist so groß, dass ein einziges Wort von ihm genügt, um Dinge geschehen zu lassen. Seine Weisheit ist so groß, dass das von ihm Erschaffene ins Dasein gerufen wird – und seine Funktion erfüllt! Vom winzigsten Einzeller bis zur größten Galaxie zeigen sich in der gesamten Schöpfung Gottes Macht und Weisheit.

Und dennoch ist dieser große Gott ein persönlicher Gott. Er gibt Acht auf uns und will unser Herr sowie unser Freund sein!

Er ist ein heiliger Gott, der nicht stillschweigend über Sünde hinwegsieht. Er hat die von Einzelnen (Adam, Eva und Kain) begangenen Sünden wie auch die Sünden der meisten vorsintflutlichen Bewohner und der Menschen in Babel gerichtet. Doch gleichzeitig ist er ein Gott der Liebe, der uns in seinem Bild erschuf, sich nach Gemeinschaft mit uns sehnt und sich uns offenbaren will. Unsere Sünden betrüben ihn, doch in seiner Gnade vergibt er denen, die ihm vertrauen, indem er ihnen eine zweite Chance gewährt.

Der Gott des ersten Buches Mose hat einen Plan für die Menschheit. Er hat einen Erlöser verheißen, der Satan bezwingen und der Menschheit Heil bringen würde (Kap. 3,15). Er erfüllte diese Verheißung, indem er Jesus Christus, den Sohn Gottes, sandte, der am Kreuz für die Sünden der Welt starb. Erst wenn Sie Jesus Christus als demjenigen vertrauen, der Sie von Ihren Sünden rettet, haben Sie Gott richtig erkannt.

2. Wir leben in Gottes Schöpfung.

Das Universum entstand nicht zufällig, sondern wurde von Gott erschaffen. Er machte alles und erhält alles am Leben. Das Universum ist kein zufällig entstandenes Gebilde. Es stellt in seiner großartigen Anordnung vielmehr das Meisterwerk eines weisen und mächtigen Gottes dar, der alles nach dem Rat seines vollkommenen Willens wirkt.

Die Komplexität des Universums lässt die Macht und Weisheit Gottes erkennen, wobei die Schönheit des Universums seine Liebe zeigt. Gott hätte eine eintönige Welt erschaffen können, aber er hat seine Welt mit einer Farbenpracht ohnegleichen ausgestattet. Er gab uns viele verschiedene Pflanzen, Tieren und Mitmenschen, über die wir uns freuen können. Tag für Tag und Nacht für Nacht offenbart die Schöpfung die Herrlichkeit Gottes (Ps 19).

Weil dies Gottes Schöpfung ist, sind wir nur Verwalter dessen, was er uns gegeben hat. Wir sollen den Reichtum der Schöpfung zum Nutzen anderer und zur Ehre Gottes gebrauchen, indem wir daran denken, dass wir Gott eines Tages als Verwalter Rechenschaft ablegen müssen. Wer den Reichtum der Schöpfung vergeudet oder Raubbau damit treibt bzw. achtlos die Schönheit der Schöpfung mindert, sündigt gegen Gott. Dabei geht es nicht nur um ökologische, sondern vor allem um theologische Fragen: Dies ist des Vaters Welt.

Da uns Gott »*alles reichlich darreicht zum Genuss*« (1Tim 6,17), sollten wir ihm für seine Gaben danken und sie weise verwenden.

3. Wir sind im Bild Gottes erschaffen.

Jeder Mensch, ob Mann oder Frau, ist nicht das Ergebnis eines Evolutionsprozesses, sondern ein Geschöpf – in Gottes Bild erschaffen. Hierin liegt ein gewaltiges Vorrecht und eine große Verantwortung. Jedes Kind, das empfangen wird, ist in Gottes Bild erschaffen und hat ein Recht darauf, zu leben und in einer von Liebe geprägten Familie aufzuwachsen, Gott durch Jesus Christus kennen zu lernen und ein sinnvolles und erfülltes Leben führen zu können.

Da uns Gott einen Verstand zum Nachdenken gegeben hat, sollen wir sein Wort lesen und seine Wahrheit kennen lernen. Er hat uns auch einen Willen gegeben, um Entscheidungen treffen zu können, wobei wir weise, ihm wohlgefällige Entscheidungen treffen sollen. Wir besitzen ein Herz, das ihn lieben kann, und wir zeigen diese Liebe, indem wir Gemeinschaft mit ihm haben und seinem Willen gehorchen. Da unser innerstes Wesen geistlicher Natur ist, brauchen wir Gott als denjenigen, der darin wohnt, damit wir inneren Frieden und Erfüllung finden. »Du, Herr, hast uns geschaffen mit der Sehnsucht nach dir«, schrieb Augustin, »und unser Herz ist ruhelos, bis es Ruhe findet in dir.«

Weil wir alle im Bild Gottes erschaffen worden sind, sollen wir einander lieben und schützen. Gott gibt das Leben, und nur er kann es auch nehmen. Er hat die menschliche Obrigkeit bevollmächtigt, die Todesstrafe zu vollstrecken, denn der Mörder vergreift sich an Gottes Ebenbild.

Unsere Gottesebenbildlichkeit ist durch Sünde entstellt worden, doch wir können wieder in dieses Bild umgestaltet werden, wenn wir mit Gott wandeln und uns seinem Geist beugen (2Kor 3,18). Da uns Gott erschuf, weiß er, was das Beste für uns ist, wobei er uns sein Wort als Führer auf dem Lebensweg gegeben hat. Es beinhaltet unsere »Gebrauchsanweisung«, und wir sollten damit vertraut sein. Wenn alle anderen Sicherheiten zerbrechen, sollten Sie diese Anweisungen lesen.

4. Gehorsam ist der Schlüssel zu einem nutzbringenden, freudigen und gesegneten Leben.

Unsere Stammeltern waren Gottes Wort ungehorsam und stürzten die Menschheit in die Sünde. Kain war ebenfalls ungehorsam und irrte schließlich umher. Noah gehorchte, so dass Gott ihn und seine Familie vor der Vernichtung retten und sie segnen konnte, nachdem die Flut vorüber war. Immer dann, wenn wir Gott den Gehorsam verweigern, beeinträchtigen wir unsere Gemeinschaft mit ihm. Wir verlieren die Freude an seiner Gegenwart. Gehorsam ist der Schlüssel zum Segen, während Ungehorsam in Unzufriedenheit und Züchtigung führt.

5. Satan existiert tatsächlich, ist aber besiegt.

Satan existiert nicht von Ewigkeit her, sondern ist ein erschaffenes Wesen. Er ist nicht allwissend, allmächtig oder zu allen Zeiten an allen Orten zugleich. Er ist Begrenzungen unterworfen, will Ihnen aber einreden, dass er so groß wie Gott ist und Ihren Gehorsam verdient. Satan ist sehr mächtig und sehr heimtückisch und wir sind ihm von uns aus nicht gewachsen.

Satan will der Gott unseres Lebens sein; er will, dass wir ihn anbeten und ihm dienen. Er versucht uns, indem er Gottes Wort in Frage stellt: *»Hat Gott wirklich gesagt?«* Er verspricht, uns gottgleich zu machen, doch dieses Versprechen hält er nie ein. Wenn wir gegenüber Satan siegreich sein wollen, dürfen wir zunächst nicht auf seine Angebote hören oder seinen Versprechungen glauben. Wir müssen Gottes Wahrheit kennen und vertrauen, wenn wir die Lügen des Teufels entlarven und überwinden wollen.

Da Satan von Jesus Christus bezwungen worden ist, können wir durch Christus den Sieg in Anspruch nehmen (Kol 2,15; Röm 16,20; 1Kor 10,13).

6. Sünde gibt es tatsächlich.

Die Welt mag sie als »Schnitzer«, »Fehler«, »Schwäche« oder »Missgeschick« bezeichnen, doch Ungehorsam gegen Gottes Willen nennt Gott »Sünde«. Sünde ist ernst zu nehmen, weil sie in Tod und Gericht führt. Wie jeder liebende Vater ist Gott betrübt, wenn seine Kinder sündigen. Gott muss Sünde richten, aber er vergibt auch und bietet die Reinigung, die wir brauchen.

Wenn wir sündigen, neigen wir dazu wegzulaufen. Wir wollen uns verstecken, doch dies ist das verkehrteste, was wir tun können. Man kann sich vor Gott nicht verstecken. Wir können nur Buße tun, bekennen und seine Vergebung in Anspruch nehmen. Gott gibt uns eine »zweite Chance«, ihm zu gehorchen und seinen Segen zu erfahren.

7. Da Sexualität von Gott erdacht worden ist, weiß er am besten, wie sie gebraucht werden sollte.

Gott schuf die ersten Menschen *»als Mann und Frau«*. Dies tat er nicht nur um der Fortpflanzung und Erhaltung der Menschheit willen, sondern auch deshalb, weil sie lernen sollten, einander zu lieben, sich aneinander zu freuen und dabei ihre von Liebe bestimmte Beziehung zum Herrn zu entdecken. Er beabsichtigte von Anfang an, dass ein Mann lebenslang mit einer Frau verbunden sein sollte.

Die Bibel ist kein »Handbuch der Sexualität«, stellt aber diesbezüglich einiges sehr deutlich heraus. Es liegt auf der Hand, dass sexuelle Sünden nicht nur den eigenen Körper und den inneren Menschen, sondern auch andere Menschen, insbesondere den Ehepartner und die Kinder, zugrunde richten. Gott hat Mann und Frau füreinander erschaffen; wer Geschlechtspartner einander anders zuordnet, missachtet Gottes Willen – ungeachtet dessen, was gesellschaftliche Gruppen und Gerichte sagen mögen. Da Gott die Ehe eingesetzt hat, ist Sexualität außerhalb des von Liebe geprägten Ehebundes abzulehnen.

8. Wir stammen als geschaffene Wesen alle von einem ab.

Obwohl Gott die Nachkommen Noahs in verschiedene Sprachen und Nationen aufteilte, sind sie alle Söhne und Töchter von Adam und Eva. Aufgrund des vorausschauenden Handelns Gottes haben einige Nationen und Volksgruppen in dieser Welt schnellere Fortschritte gemacht als andere. Das bedeutet jedoch nicht, dass diese höherentwickelten Nationen besser sind als andere Völker. Wir stammen von einem ab, weshalb keine Rasse beanspruchen kann, einer anderen Rasse überlegen zu sein.

Gott hat Männer und Frauen zur Arbeit bestimmt. Die Arbeit ist keine Form von Strafe, sondern ist vielmehr eine Möglichkeit, sich als Mitarbeiter Gottes um seine Schöpfung zu kümmern.

9. Israel ist Gottes auserwähltes Volk.

Dies bedeutet nicht, dass die Angehörigen dieses Volkes besser sind als andere, sondern lediglich, dass ihnen Gottes Berufung gilt und sie daher eine größere Verpflichtung in dieser Welt haben. Gott erwählte sie, weil er sie liebte, und nicht aufgrund ihrer inneren Qualitäten (5Mo 7,6-11). Gott berief Israel als Segensträger für die ganze Welt. Weil es Israel gibt, kennen wir den wahren Gott, das geschriebene Wort Gott und vor allem den Retter Jesus Christus. Kein Christ sollte sich in Gedanken, Worten oder Taten des Antisemitismus schuldig machen.

10. Gott ändert sich nicht und hat alles unter Kontrolle.

Gott ist noch auf dem Plan und weiß immer, was er tut. Er ist langmütig gegenüber Sündern, richtet aber letztendlich Sünde und belohnt die Gerechten. Ob es um den entferntesten Stern oder das winzigste Atom geht – Gott weiß, wo sich alles befindet und was alles abläuft. Alles von ihm Erschaffene wird letztendlich seinen Willen auf Erden vollbringen.

Gott hat in dieses Universum Gesetze hineingelegt, die zu unserem Nutzen sind, wenn wir ihnen gehorchen, uns jedoch schaden, wenn wir sie missachten. Die Wissenschaft spürt nur Gottes Gedanken nach, indem sie diese Gesetze entdeckt und sie anwendet. Der Schöpfer hat das Recht, seine eigenen Gesetze »außer Kraft zu setzen« und Wunder zu tun.

11. Unsere Beziehung zu Gott beruht auf Glauben.

»Ohne Glauben aber ist es unmöglich, ihm wohlzugefallen; denn wer Gott naht, muss glauben, dass er ist und denen, die ihn suchen, ein Belohner sein wird« (Hebr 11,6).

Uns werden keine Erklärungen angeboten, sondern Verheißungen gegeben.

12. Wer für Gott lebt, führt das lohnendste Leben.

Gott will mit jedem von uns ein anderes Ziel erreichen; er befähigt uns, es zu erreichen, wenn wir seinem Wort vertrauen und seinen Willen befolgen. Alles, wozu Gott uns beruft, können wir zu seiner Ehre tun. Obwohl es Zeiten gibt, in denen die Gerechten leiden und die Gottlosen Erfolg zu haben scheinen, werden die Gerechten schließlich ihre ewige Belohnung erhalten, während auf die Gottlosen eine ewige Strafe wartet.

Das Leben eines Christen ist nicht immer einfach, doch es ist das erfüllendste und lohnendste Leben.

Damit sind wir nur auf einige der Grundlagen eingegangen, die sich in 1. Mose 1 – 11 befinden und in den übrigen biblischen Büchern veranschaulicht sowie erklärt werden. Wenn Sie Ihr Leben Christus übergeben und sich auf diese grundlegenden Wahrheiten verlassen, bauen Sie auf ein solides, unerschütterliches Fundament. Wer diese Grundlagen missachtet, baut auf Sand, indem er ein Leben führt, das den Stürmen des Lebens bzw. dem letzten göttlichen Gericht nicht standhalten wird. Jesus ruft uns zu den Grundlagen zurück. Lesen und bedenken Sie Matthäus 7,21-27.

Fragen zum Bibelstudium

Erstes Kapitel

Der Urzustand vor der Schöpfung

(1Mo 1,1)

1. In welchen Bereichen Ihres Lebens mussten Sie schon einmal »zu den Grundlagen« zurückkehren?
2. Was ist Ihrer Meinung nach »grundlegend« für das Leben?
3. Inwieweit beeinflusst ein irdisches Geschöpf unser Bild von Gott und von uns selbst?
4. Was ist mit »Dreieinheit« gemeint? Wie würden Sie die Dreieinheit jemandem erklären, der gerade zum Glauben gekommen ist?
5. Welche Hinweise auf Dreieinheit gibt uns das Alte Testament, selbst wenn die Lehre von der Dreieinheit im Alten Testament nicht eindeutig offenbart ist?
6. Welche Wahrheiten haben Sie seit der Zeit Ihrer Wiedergeburt erst nach und nach verstanden?
7. Warum zog es Gott Ihrer Meinung nach vor, sich in Lebensgeschichten zu offenbaren, statt nur Erklärungen abzugeben?
8. Worauf konzentrieren sich die ersten elf Kapitel des ersten Buches Mose?
9. In welcher Hinsicht sehen und verstehen Sie, wie Gottes Souveränität in 1. Mose 1 – 11 am Werk ist?
10. Wie wirkt Gottes Souveränität in Ihrem Leben?

Zweites Kapitel

Wenn Gott spricht, geschieht etwas

(1Mo 1)

1. Gottes Wort besitzt absolute Autorität. *»Denn er sprach, und es geschah.«* Was bedeutet das für Sie in Ihrer Beziehung zu Gott? Welche Bedeutung hat dies für Sie, wenn Sie die Schönheit sowie die Ereignisse der Welt um Sie her sehen?
2. Bei der Schöpfung sprach Gott machtvolle Worte. Welche machtvollen Worte hat Gott bisher an Sie persönlich gerichtet?
3. In welcher Hinsicht besitzen unsere Worte Vollmacht?
4. Worin besteht die Bedeutung des Wortes »Tag«? Welcher Unterschied ergibt sich, wenn mit »Tag« 24 Stunden gemeint sind, statt einen »längeren Zeitraum« zu bezeichnen?
5. Wann haben Sie Menschen gehört, die zwar Gottes Vokabular (seine Worte), nicht aber sein Wörterbuch (deren wahre Bedeutung) verwendeten?
6. Was glauben Sie im Blick auf Schöpfung und Evolution? Welche Fragen bereiten Ihnen noch Probleme? Wo können Sie Antworten finden?
7. Die Bewunderung der Schöpfung wandelte sich bald in Verehrung. Wo können Sie dies heute beobachten?
8. Worin besteht der wesentliche Unterschied zwischen Tieren und Menschen? Woran erkennen Sie das?
9. An welche wichtigen Tatsachen sollten wir hinsichtlich des Ursprungs der Menschen denken?
10. Wie können Sie in dieser Woche Gott dafür preisen, dass er seine Schöpfung so wunderbar gemacht hat?

DRTTES KAPITEL

Das Wichtigste zuerst

(1Mo 2)

1. Was ist für den Sabbat, an dem Gott, der HERR, nach der Schöpfung ruhte, charakteristisch?
2. Wann in Ihrem Leben hat der folgende Satz Gültigkeit gehabt: »Er (sie) wollte stets Ruhepausen einlegen, aber offenbar hat er seine (sie ihre) Absicht nie verwirklicht«?
3. Inwiefern setzen Ihnen die beiden vom Verfasser erwähnten »Übeltäter« zu? Inwieweit trauern Sie »dem Gestern« nach, während Sie sich gleichzeitig um den nächsten Tag sorgen?
4. Was bedeutet die folgende Aussage Jesu: *»Der Sabbat ist um des Menschen willen geschaffen worden und nicht der Mensch um des Sabbats willen«?*
5. Worin besteht der Unterschied zwischen dem Sonntag und dem jüdischen Sabbat?
6. Welche Ansicht sollten Christen über die Arbeit haben?
7. Worin bestanden die Bedingungen im Garten Eden?
8. Warum stellte Gott Adam und Eva auf die Probe?
9. Wozu hat Gott Eva bzw. indirekt die Ehe erschaffen?
10. Was kann, wenn überhaupt, Ihrer Meinung nach den Ehebund auflösen?

VIERTES KAPITEL

Dies ist des Vaters Welt – wirklich?

1. Welche Veränderungen müssen Sie in Ihrem Denken und in Ihrem Leben vornehmen, wenn Sie diese Wahrheit (»Dies ist des Vaters Welt«) ernst nehmen?
2. Was offenbart die Schöpfung? Finden Sie Bibelstellen heraus, die diese Frage beantworten.
3. Warum wendet sich jemand von der Anbetung des Schöpfers ab, um statt dessen die Schöpfung zu verehren?
4. Was liegt der gedankenlosen menschlichen Nutzung natürlicher Ressourcen zugrunde?
5. Wann ist es für Sie am schwersten, dem Herrn zu vertrauen?
6. Welche Bedeutung hat das Gebet der Menschen für die Verwirklichung von Gottes souveränem Plan?
7. Warum könnte es jemanden beunruhigen, wenn er daran denkt, dass jeder Mensch *»aus einem«* erschaffen ist?
8. Wo in Ihrem Leben oder Herzen stoßen Sie auf rassische Vorurteile?
9. Was bedeutet es, sich nicht auf den eigenen Verstand zu verlassen?
10. Worin besteht nach Meinung des Verfassers das »Geheimnis wahrer Erfüllung und echten Erfolgs«? Wie sieht dieses Geheimnis Ihrer Ansicht nach aus?

Fünftes Kapitel

Gefahren im Paradies

(1Mo 3)

1. Was ist hinsichtlich von 1. Mose 3 so entscheidend?
2. Wie sensibel sind Sie für den satanischen Einfluss auf Ihr tägliches Leben? Sind Sie sich dessen immer bewusst?
3. Unter welchen Masken finden wir Satan heute?
4. Wann haben Sie sich dabei ertappt, Gottes Wort in Frage zu stellen? Warum schleichen sich Ihrer Meinung nach Zweifel daran ein?
5. Worin besteht gemäß dem Verfasser die Ur-Lüge, der viele Menschen seit dem Sündenfall Glauben geschenkt haben?
6. Worin bestehen einige der Konsequenzen, wenn man Gottes Wahrheit ablehnt?
7. Warum stellte Gott Adam und Eva nach ihrer Sünde Fragen?
8. Worin besteht der Unterschied zwischen einer Ausrede und einem Bekenntnis?
9. Warum wählte Gott Ihrer Meinung nach für Adam und Eva diese speziellen Konsequenzen?
10. In welcher Hinsicht sind Christen *»von dem Gesetz der Sünde und des Todes«* freigemacht?

Sechstes Kapitel

Im Blickfeld: Kain

(1Mo 4,1-24)

1. Welche »Rollen« hat Gott Ihnen in Ihrem Leben zugedacht?
2. Wie können Sie sicher sein, dass Sie sich an Gottes Drehbuch halten und nicht Ihr eigenes schreiben?
3. Worin besteht die Beziehung zwischen funktionell gestörten Familien und der Sünde?
4. Worin besteht die gottgegebene Rolle der Arbeit in Ihrem Leben?
5. Was könnte geschehen, wenn diejenigen, die arbeiten, nicht auch anbeten?
6. Worin bestand das Problem hinsichtlich des Opfers Kains? Was lehrt Sie dies im Blick auf Ihre eigenen Opfer?
7. Kain, der Abel gegenüber eifersüchtig und verbittert war, erlebte verheerende Folgen. Worin besteht die Gefahr, wenn man Groll hegt?
8. Warum lügen Menschen? Hat sich das Lügen für Kain gelohnt? Was wäre eine bessere Lösung gewesen?
9. Inwiefern unterscheidet sich ein Mensch, der über die Folgen seiner Schuld verbittert ist, von einem Bußfertigen?
10. Was können wir anhand der Tatsache lernen, dass Gott ein Schutzzeichen an Kain machte, um zu verhindern, dass andere den Tod Abels rächten?

Siebtes Kapitel

Schauen Sie nach oben, wenn die Aussichten düster sind

(1Mo 4,25 – 6,8)

1. Welches der vier speziellen vom Verfasser hervorgehobenen Beispiele – Set, Enosch, Henoch oder Noah – ermutigt Sie am meisten? Weshalb?
2. Inwieweit geht Gottes souveräner Plan in Erfüllung, wenn Menschen oftmals Gott nicht gehorchen wollen?
3. Welchen Aufschluss über die familiären Probleme in unserer Gesellschaft bekommen Sie, nachdem Sie über die allererste Familie gelesen haben?
4. Warum gibt es letzten Endes immer wieder nur einen Überrest, der dem Herrn treu ist? Wer verkörpert heute den Überrest?
5. Wann haben Sie sich im Werk des Herrn allein oder als Versager gefühlt?
6. Inwiefern hat die Geburt von Kindern Ihre Motivation gegenüber dem Herrn oder die Dienstbereitschaft eines Bekannten beeinflusst? Inwieweit lassen Sie sich dadurch motivieren, dass Sie um die Wiederkunft wissen?
7. Der Verfasser sagt, dass eines der erfolgreichsten Mittel Satans der Kompromiss ist. In welchen Bereichen Ihres Lebens sind Sie für Kompromisse am anfälligsten?
8. Wie können wir den Unterschied zwischen den wahren bevollmächtigten Führerpersönlichkeiten und denen erkennen, die vollmächtig zu sein scheinen, im Grunde aber gefallen sind?
9. Wie wird die Welt direkt vor der Sintflut Ihrer Meinung nach ausgesehen haben? Verwenden Sie die entsprechenden biblischen Angaben. Beschreiben Sie dies möglichst konkret.
10. Was genau musste man in alttestamentlicher Zeit glauben, um errettet zu werden?

Achtes Kapitel

Ein Mann: sein Glaube, seine Familie

(1Mo 6,9 – 7,24)

1. Wie kann ein Mensch einen solch starken Glauben wie Noah bekommen oder entfalten?
2. Was sagen Sie Namenschristen, die kein »Leben in der rechten Stellung vor ihren Mitmenschen« führen? Wie sollten wir mit ihnen umgehen?
3. Wie können Familien von ihren Gemeinden unterstützt werden, um den Glauben von Generation zu Generation weiterzugeben?
4. Worum geht es bei den folgenden Veranschaulichungen des Lebens als Christ: feststehen, gehen, laufen und am Wettlauf teilnehmen?
5. Welcher Art von Gruppenzwang müssen Sie widerstehen? Was hilft Ihnen, in Ihren Bemühungen erfolgreich zu sein?
6. Noah sah sich einer anscheinend nicht zu bewältigenden Aufgabe gegenüber, ging aber im Glauben ans Werk. Mit welcher Aufgabe werden Sie konfrontiert, für die in der Anfangsphase oder im weiteren Verlauf Glauben erforderlich ist?
7. Welche von Gottes Verheißungen geben Ihnen Frieden und Zuversicht?
8. Worin besteht der Unterschied zwischen Menschen und Tieren, wenn es darum geht, auf den Herrn zu hören und ihm zu gehorchen?
9. An welche anderen Beispiele können Sie sich erinnern, bei denen Gott seine souveräne Macht über Tiere ausübte?
10. Wie würden Sie die Realität der Sintflut gegenüber einem Skeptiker verteidigen? Welche Argumente gibt es gegenüber denjenigen, die eine begrenzte Flut vertreten?

Neuntes Kapitel

Der Gott, der Neues beginnt

(1Mo 8)

1. Zu welcher Zeit im Leben eines Menschen würde es besonders hilfreich sein, 1. Mose 8 zu lesen?
2. Wann fühlt man sich am schnellsten von Gott verlassen? Wie können Sie jemandem helfen, der sich so fühlt?
3. Was können wir anhand des Beispiels Gottes, der unserer Sünden *»nicht gedenkt«*, für unser Bemühen lernen, anderen zu vergeben?
4. Wie kann die Wahrheit von der göttlichen Unwandelbarkeit uns helfen, wenn wir die Höhen und Tiefen des Daseins durchleben?
5. Noah musste auf Gottes Handeln warten, nachdem die Sintflut vorüber war. Wann ist Gottes Zeitplan für Ihren Dienst überaus bedeutsam gewesen?
6. Zu welchen Zeiten stellten Sie fest, dass Sie wie die Menschen zur Zeit Noahs mit den gewöhnlichen Dingen des täglichen Lebens viel zu beschäftigt waren?
7. Wie können wir andere Gläubige ermuntern, dagegen anzukämpfen, sich vom Alltäglichen zu sehr in Beschlag nehmen zu lassen?
8. In Vers 21 heißt es: Der HERR *»roch den wohlgefälligen Geruch«*. An welche anderen sogenannten »Anthropomorphismen« der Bibel können Sie sich erinnern?
9. Warum gab Gott die Verheißung, nie wieder eine weltweite Flut zu senden?
10. Welche tröstliche Gewissheit können Sie aus Gottes Verheißung ableiten, wonach der normale Lauf der Jahreszeiten fortbestehen sollte?

Zehntes Kapitel

»Ja« zum Leben

(1Mo 9,1-17)

1. Der Verfasser stellt fest, dass die anfänglich Noah und seiner Familie gegebenen Anweisungen nun auch allen Menschen zu allen Zeiten gelten. Wie können wir bestimmen, welche von Gottes Anweisungen uns gelten und welche den ursprünglichen Empfängern?
2. Inwieweit gilt das Gebot »*Seid fruchtbar und vermehrt euch*« für die heutige Familienplanung?
3. Welchen Stellenwert haben Kinder in unserer Kultur?
4. Was ist Ihrer ehrlichen Meinung nach unbedingt notwendig, um seine Aufgaben normal erfüllen zu können und um zufrieden zu sein?
5. Warum spielt Blut in den Speisevorschriften eine so wichtige Rolle?
6. Was rät das Neue Testament, wenn es um Meinungsverschiedenheiten im Blick auf Fragen wie Speisevorschriften geht?
7. Wie verstehen Sie 1. Mose 9,6 hinsichtlich der Todesstrafe? Gibt es Belegstellen, die eine Todesstrafe ablehnen?
8. Wir lesen im ersten Buch Mose von Gottes spezieller Fürsorge für Tiere und die gesamte Schöpfung. Wie können Sie Gottes Fürsorge widergeben?
9. Vor der Sintflut wird kein Regen erwähnt. Inwiefern konnte Noah vor Gottes Verheißung mit dem Regenbogen vertraut sein?
10. Woran erkennen Sie bei der Auslegung der Bibel, dass der Gebrauch des Wortes »*Bogen*« sowohl für den Regenbogen als auch für das gleichnamige Kriegswerkzeug rein zufällig ist bzw. auf eine beabsichtigte Parallele hinweist?

Was noch geschah

(1Mo 9,18 – 10,32)

1. Wir alle wollen, dass uns ein guter Ausgang gewährt wird, wie Dr. Culbertson betete. Was können wir jetzt und künftig tun, um sicherzustellen, dass uns tatsächlich ein guter Ausgang gewährt wird?
2. Welche Lektionen können wir lernen, wenn wir von den Sünden und Fehltritten der Gläubigen in der Bibel lesen?
3. Erinnern Sie sich an zwei Begebenheiten, in denen Sie eine richtige und eine falsche Reaktion auf Sünden und Peinlichkeiten anderer erlebt haben. Was lässt dies hinsichtlich des Charakters der Beteiligten erkennen?
4. Was sagt Galater 6,1-2 darüber aus, wie wir handeln sollen, wenn Menschen sündigen und wir davon wissen?
5. Die einzigen aufgezeichneten Worte Noahs werden manchmal als Fluch und manchmal als Prophetie angesehen. Welcher Unterschied ergibt sich daraus?
6. In der Vergangenheit haben Christen die Stelle, die Kanaan als Knecht anderer darstellt, benutzt, um den Einsatz von Afroamerikanern als Sklaven zu rechtfertigen. Was können wir anhand dieses schwerwiegenden Irrtums hinsichtlich der biblischen Auslegung lernen?
7. Alexander Whyte sagte: »Das sieghafte Leben eines Christen beinhaltet eine Reihe von Neuanfängen.« In welchen Umständen könnten Sie angesichts dieses Zitats einen Trost an andere weitergeben?
8. Woran müssen wir denken, wenn wir die Stammbäume in der Bibel lesen?
9. Im Text steht: Jahwe ist »der Gott der gesamten Erde und der ganzen Geschichte«. Bedeutet dies, dass Gott hinter allen politischen Auseinandersetzungen, Staatsstreichen und blutigen Stammeskonflikten steht?
10. Auf welche Art und Weise werden Kinder manchmal für Sünden ihrer Eltern bestraft?

Zwölftes Kapitel

Achtung: Gott ist am Werk

(1Mo 11)

1. Was bedeutet die Redewendung »Der Mensch denkt, Gott lenkt«?
2. Was lernen wir im Blick auf Gottes Wesen, wenn wir von dem immer wiederkehrenden Muster – Ungehorsam, Gericht und Neuanfang – lesen?
3. Worin bestand das Ziel des Turmbaus zu Babel?
4. Was waren die positiven und negativen Merkmale der in Babel demonstrierten Einheit?
5. Inwiefern gilt dieser Bericht über menschliche Einheit für Versuche, in der Ortsgemeinde, über Denominationsgrenzen hinweg und weltweit Einheit zu schaffen?
6. Inwiefern gebraucht Gott sowohl Verwirrung als auch Einheit? Wie könnte Satan beides ausnutzen?
7. In welcher Hinsicht sind Sie versucht, sich einen Namen machen zu wollen, wenn Sie vor sich hinträumen? Inwieweit steht Ihre Ortsgemeinde in der Versuchung, sich einen Namen zu machen?
8. Warum sank Ihrer Meinung nach die Lebenserwartung der Menschen? (Siehe auch Kapitel 6,3)
9. Gott berief ein Ehepaar, das Götzen verehrte und unfruchtbar war, als Stammeltern seines Volkes. Welche Hoffnung können Sie hieraus ableiten?
10. Wie kann ein Christ die weltumspannende Technik und Kommunikation in der rechten Weise nutzen? Welche Gefahren müssen vermieden werden?

Dreizehntes Kapitel

Zurück zu den Grundlagen

(Überblick)

1. Warum schließt Gottes Selbstoffenbarung Ihrer Meinung nach keine philosophischen Argumente zum Nachweis seiner Existenz ein?
2. Welche Eigenschaften Gottes sind für Sie in 1. Mose 1 – 11 erkennbar?
3. Was müssen wir als Christen ergänzen, wenn wir ökologische Zustandsberichte und Sprüche wie »Rettet die Erde« hören?
4. Nenne einige Konsequenzen der Tatsache, dass alle Menschen im Bild Gottes erschaffen sind?
5. Worin liegt der Schlüssel zu einem von Gott gesegneten Leben? Was sind die Konsequenzen des Ungehorsams?
6. Wie stimmt Ihre Vorstellung über Satan mit dem, was die Bibel über ihn lehrt, überein? Wie können wir den Sieg über Satan davontragen?
7. Welches sind Gottes Ziele für Sexualität und Ehe?
8. Inwiefern sind wir alle gleich, wenn wir die unterschiedlichen Menschenrassen miteinander vergleichen? Inwiefern sind wir alle anders?
9. Zu welchem Werk würden Sie sich Ihrer Meinung nach heute inspirieren lassen, wenn Ihnen ein überaus großer Glaube geschenkt worden wäre?
10. Wozu beruft Sie Gott? Inwiefern werden Sie imstande sein, es zu verwirklichen?

Anmerkungen

Vorwort

1. *Sei fest gegründet* umfasst den dritten Band in der Reihe des Verfassers zum ersten Buch Mose. Siehe auch *Sei gehorsam* (1Mo 12 – 25) und *Sei wahrhaftig* (1Mo 25 – 50).
2. Dass Mose schreiben konnte (Apg 7,22) und die wichtigen Ereignisse in einem Buch aufzeichnete, wird in 2. Mose 17,14; 24,4; 4. Mose 33,1-2; 5. Mose 31,9 und Josua 1,8 festgestellt. Sowohl die biblische als auch die jüdische Tradition verweisen auf Mose als den Verfasser des Pentateuchs, der ersten fünf Bücher des Alten Testaments (Jos 8,31; 23,6; 2Kö 14,6; 2Chr 25,4; 35,12; Esr 6,18; Neh 8,1; 13,1). Wenn Jesus auf den Pentateuch Bezug nahm oder daraus zitierte, verband er diese Bücher mit Mose (Mt 19,8; Mk 10,3; Lk 20,37; Joh 5,45-46).

Kapitel 1

1. Es ist zweifelhaft, ob antike Theologen je diese spezielle Frage gestellt haben, doch das Thema ist nicht völlig bedeutungslos. Engel sind Geistwesen und haben keine Körper wie wir. Bei besonderen Aufträgen können sie jedoch menschliche Gestalt annehmen. Sind sie daher an den Raum gebundene Wesen? Da Thomas von Aquin diese Angelegenheit in seiner *Summa theologiae* erörterte, ist diese Frage bedeutsam.
2. A.W. Tozer, *The Knowledge of the Holy* (New York: Harper and Brothers, 1961), 39.
3. Natürlich wird jeder Mensch ewig existieren – entweder im Himmel oder in der Hölle. Doch was diese Welt betrifft, sind wir alle Fremde und Pilger – diejenigen Menschen, die »nur auf der Durchreise sind«.
4. In unserer Zeit ist die »Prozesstheologie« aus den Lehren des britischen Philosophen Alfred North Whitehead (1861-1947) entstanden und von seinem Schüler Charles Hartshorne in der Öffentlichkeit weithin bekanntgemacht worden. Die Prozesstheologie wurde von Rabbi Harold S. Kushner in seinem Buch *When Bad Things Happen to Good People* populär gemacht. Kushner behauptete, dass Gott heute zu schwach sei, um etwas gegen Krebs, Krieg und gegen die Tragödien des Lebens unternehmen zu können. Indem wir ihm vertrauen und Gutes tun, könnten wir ihm jedoch helfen, sich weiterzuentwickeln.

Eine Beurteilung aus evangelikaler Sicht erfolgt in *On Process Theology*, herausgegeben von Ronald H. Nash (Baker Book House, 1987) und in meinem Buch *Why Us? When Bad Things Happen to God's People* (Fleming H. Revell, 1984).

5. Die Konjunktion »und« in der christlichen Taufformel ist wichtig, denn sie lässt die Gleichheit der Personen der Gottheit erkennen.
6. Die Lehre von der göttlichen Auserwählung beinhaltet keine Ausrede, wenn es darum geht, anderen das Evangelium weiterzusagen. Der gleiche Gott, der das Ziel bestimmte – die Errettung der Verlorenen –, hat auch die Mittel zur Erreichung dieses Ziels festgelegt – nämlich das Zeugnis der Angehörigen seines Volkes und ihre Gebete um einen Durchbruch seines Wortes. Gott erwählt Menschen zur Errettung und beruft sie dann durch sein Evangelium (2Thes 2,13-14). Beides gehört zusammen. Wir wissen nicht, wer die Auserwählten sind, aber wir sind beauftragt worden, das Evangelium in die ganze Welt zu tragen (Mk 16,15; Apg 1,8).
7. Dr. H.A. Ironside, achtzehn Jahre lang Pastor der Moody Church in Chicago, veranschaulichte diese Wahrheit oft dadurch, dass er eine Tür beschrieb, über der ein Schild mit der Aufschrift »Ein jeder, der will, komme!« hängt. Im Glauben daran ist man durch die Tür gegangen und gerettet worden. Wenn man dann zurückgeschaut hat, konnte man ein anderes Schild lesen, das über der Innenseite der Tür hing: »Auserwählt in Christus vor Grundlegung der Welt.«
8. Diese Kapiteleinteilungen wurden willkürlich vorgenommen, da sich die einzelnen Generationen in den Texten überschneiden, wie es in der menschlichen Geschichte stets der Fall ist. Sachlich gesehen ist die *»Geschlechterfolge Jakobs«* ab Kapitel 37,2 anzusetzen. Jakobs Lebensgeschichte beginnt jedoch viel früher, wodurch Isaak in den Hintergrund tritt. Es gibt keinen Teil mit der Überschrift *»die Geschlechterfolge Josephs«*, da von Joseph in der Jakobsgeschichte, dem letzten Teil des ersten Buches Mose, mitberichtet wird.
9. Siehe Morgans *The Analyzed Bible* und *Living Messages of the Books of the Bible*, beide von Fleming H. Revell veröffentlicht.

Kapitel 2

1. Siehe *In the Arena* von Richard M. Nixon (New York: Simon and Schuster, 1990), 206.
2. Johannes beschreibt sieben Tage im Leben Jesu (Joh 1,19-28.29-34.35-42.43-51; 2,1), was offensichtlich eine Parallele zu 1. Mose 1 darstellt. Mose berichtete von der alten Schöpfung, Johannes jedoch von der neuen Schöpfung (2Kor 5,17).

3. Das hebräische Wort *bara* bedeutet »etwas Neues ins Dasein rufen«. Es wird im Schöpfungsbericht gebraucht, um die Erschaffung der Meerestiere und Vögel (1Mo 1,21), die Erschaffung von Mann und Frau (V. 27) und das ganze Werk der Schöpfung zu beschreiben (Kap. 1; 2,3-4).
4. Die in G.H. Pembers Buch *Earth's Earliest Ages* dargelegte und von der *Scofield Bibel* weithin bekanntgemachte »Lückentheorie« behauptet, dass die ursprüngliche Schöpfung von 1. Mose 1,1 beim Fall Satans gerichtet wurde und dass ab Vers 3 die Neuschöpfung der ins Verderben gerissenen Welt dargestellt wird. In Vers 2 würde es dann heißen: »Und die Erde wurde wüst und leer.« Demnach gab es also eine »Lücke« von unbekannter Dauer zwischen den ersten beiden Versen des Buches. Doch warum sollte Gott die ganze Schöpfung nur aufgrund der Rebellion Satans zugrunde richten? Und warum würde er sechs Tage brauchen, um sie wiederherzustellen, wenn er sie beim ersten Mal sofort erschuf? Es gibt kompetente Vertreter beiden Ansichten, wobei alle behaupten, dass der hebräische Urtext ihren Standpunkt stütze. Für mich hat es den Anschein, dass ab Vers 3 Gottes ursprüngliches Schöpfungshandeln beschrieben wird. Somit brauchen wir keine »Lücke« zwischen Vers 1 und Vers 2 einzufügen, um irgendwelche Probleme zu lösen.
5. In Vers 2 wird das Bild eines Adlers gezeichnet, der über seinen Jungen schwebt (5Mo 32,11). Sowohl im Hebräischen (*ruah*) als auch im Griechischen (*pneuma*) bedeutet das Wort für »Geist« auch »Wind« (siehe Joh 3,8). Daher könnte der Vers auch mit »Gottes Wind fuhr über die Wasser dahin« übersetzt werden. »Geist« scheint jedoch von der Logik her die richtige Wiedergabe zu sein.
6. *»Wüst und leer«* beinhaltet die hebräische Wendung *tohu wabohu*, die totale Öde, Leere und Verwüstung bezeichnet. Jeremia übernahm das Wort, um Gottes Gericht über das Land Juda zu beschreiben (Jer 4,23), während es Jesaja gebrauchte, um den Untergang Edoms darzustellen (Jes 34,11).
7. Einige Ausleger glauben, dass Gottes Werk am vierten Tag nicht darin bestand, die Himmelskörper zu *erschaffen*, sondern ihnen *ihre Aufgaben zuzuweisen*. Die Beschreibung in 1. Mose 1,14-19 gleicht weitgehend derjenigen der anderen fünf Tage, so dass wohl ein Schöpfungsakt Gottes dargestellt wird. (Anmerkung des dt. Hrsg.: vgl. aber den Gebrauch von *bara* nach 3.)
8. Wenn die Angehörigen des Volkes Israel von einem 24-Stunden-Tag sprachen, sagten sie *»Abend und Morgen«* statt »Morgen und Abend«, weil ihre Tage mit dem Sonnenuntergang und nicht mit dem Sonnenaufgang begannen. Daher bricht mit dem Sonnenuntergang am Donnerstag der Freitag an, während mit dem Sonnenuntergang am Freitag der Sabbat beginnt.
9. Menschen, die sich auf ihre astrologischen Karten verlassen, um Orientie-

rungshilfen zu bekommen, halten sich an antike heidnische und im Grunde unnütze Bräuche. Es gibt keinen Beweis dafür, dass die Stellung der Himmelskörper das menschliche Leben auf Erden irgendwie beeinflusst. Die Bibel verurteilt alle menschlichen Versuche, die Zukunft vorauszusagen oder zu beherrschen (5Mo 18,10-13; Jes 47,13; Jer 10,2). Die Feststellung, dass die Sonne und der Mond zur »Beherrschung« des Tages bzw. der Nacht erschaffen wurden, bedeutet nicht, dass sie einen besonderen Einfluss auf menschliche Angelegenheiten ausüben, sondern vielmehr, dass mit Tag und Nacht ihre Funktionsbereiche umrissen ist. Infolge der Erdrotation und aufgrund der Tatsache, dass die Erde um die Sonne und der Mond um die Erde kreist, ergeben sich Gesetzmäßigkeiten, die für die Lichtintensität auf der Erde verantwortlich sind.

10. Ralph Waldo Emerson, *Nature* (Boston: Beacon Press, 1985), 9-10.
11. Selbst wenn viele Tiere stärker sind als wir und länger leben als Menschen, hat Gott den Menschen die Herrschaft über die Tiere gegeben. Dies bedeutet jedoch nicht, dass wir Tiere missbrauchen und tun können, was immer uns hinsichtlich der Geschöpfe Gottes beliebt (Jer 27,5). Obwohl uns Tiere anvertraut sind, um uns von Nutzen zu sein, müssen wir sie als von Gott erschaffene Kreaturen behandeln. *»Der Gerechte kümmert sich um das Wohlergehen seines Viehes«* (Spr 12,10). *»Du sollst dem Ochsen nicht das Maul verbinden, wenn er drischt«* (5Mo 25,4). Gott kümmert sich um die Tiere (Ps 36,7; 104,10-18; Mt 6,26) und weiß, wenn sie leiden (Joe 1,18-20; 2,22; Jon 4,11). Selbst wie wir mit hilflosen Vögeln umgehen, ist für Gott wichtig (5Mo 22,6-7). Diejenigen, die Gottes Schöpfung zweckentfremdet nutzen und mit ihr Raubbau treiben, werden eines Tages gerichtet werden (Offb 11,18).
12. Die Aufzeichnung eines ähnlichen »Zwiegesprächs« findet man in 1. Mose 3,22; 11,7 (siehe auch Jes 6,8).
13. Wie wir gesehen haben, bedeutet das hebräische Wort *ruah* »Hauch« und »Geist«. Als Gott Adam anhauchte, wurde dieser ein lebendiges Wesen. Ebenso schenkt der Geist Gottes dem Sünder, der an Christus glaubt, ewiges Leben (Joh 3,7-8; 20,22).
14. Vielleicht strebte Luzifer nach dem Vorrecht, über die Erde und ihre Geschöpfe zu herrschen, als er gegen Gott aufbegehrte und einige der Engel als gegen den Herrn Rebellierende mit sich riss. In Jesaja 14,12-17 wird hauptsächlich über den Fall des Königs von Babylon berichtet, doch hinter dieser geheimnisvollen Stelle verbirgt sich das Bild des »Sohnes der Morgenröte« – desjenigen Engels, der Gott gleich sein wollte und Eva versprach, dass sie wie Gott sein könne (1Mo 3,5).

Kapitel 3

1. In der Schrift steht die Zahl Sieben oft für Fülle und Vollendung. Nach 3. Mose 23 beruhte der hebräische Kalender auf Siebener-Zyklen. Der siebte Tag der Woche war der Sabbat, während Pfingsten sieben Wochen nach dem Fest der Erstlinge gefeiert wurde. Während des siebten Monats feierten die Israeliten das Fest der Posaunen, den Versöhnungstag und das Laubhüttenfest. Jedes siebte Jahr beinhaltete ein Sabbatjahr und jedes fünfzigste Jahr ein Jobeljahr.
2. Das hebräische Wort *qadas* bedeutet »aussondern«, »heilig machen« und kann für Menschen (2Mo 13,2; 19,14; 28,41), unbelebte Objekte (2Mo 29,36-37.44), Ereignisse wie Fastenzeiten (Joe 1,14) sowie Kriege (Jer 6,4; dort steht in der Anmerkung für *qada* »rüstet euch«) und sogar für den Namen Gottes gelten (Hes 36,23). Das von Gott Geheiligte darf nie als etwas Profanes angesehen werden.
3. Das englische Wort für »Bund«, *covenant*, leitet sich von zwei lateinischen Wörtern mit der Bedeutung »zusammen kommen« ab. Bei einem Mietvertrag für ein Haus kommen zwei Parteien im Rahmen einer geschäftlichen Vereinbarung zusammen. Das Ehegelöbnis, das aufgrund eines Trauscheins abgelegt werden kann, ermöglicht »ihm« und »ihr«, als Ehemann und -frau zusammenzuleben. Ohne solche Vereinbarungen würde die Gesellschaft aus den Fugen geraten.
4. Das Bild vom Baum des Lebens wird in den Sprüchen (3,18; 11,30; 13,12; 15,4) und auch im Buch der Offenbarung wieder aufgegriffen (2,7; 22,2.14.19). Der Baum des Lebens steht in der himmlischen »Stadt der Wonne«. Er dient zur Nahrung und zur Heilung.
5. In Matthäus 19,10-12 verdeutlichte Jesus, dass nicht jeder heiraten sollte, obwohl die meisten Menschen denken, dass sie einmal heiraten werden, und wahrscheinlich auch heiraten wollen. Es ist kein Fluch, unverheiratet zu sein. Gott gibt den Menschen unterschiedliche Gaben (1Kor 7,7) und beruft sie zu Aufträgen entsprechend ihren Gaben. In der Gemeinde bestimmen weder Geschlecht noch Familienstand die geistliche Reife oder den Wert der Gemeinschaft (Gal 3,26-29).
6. Das Hohelied preist die Freude an ehelicher Liebe, wobei es nichts über Empfängnis oder Kinder sagt. In der antiken israelischen Gesellschaft wurde es als Schande angesehen, keine Kinder zu haben. Dennoch waren viele vorbildliche Ehen nicht mit Kindern gesegnet, und dies ist auch heute der Fall.
7. Im Hebräischen heißt es: »Sie soll ›ischah‹ heißen, denn vom ›isch‹ ist sie genommen.« Die Gelehrten sind sich nicht einig darüber, ob *ischah* von *isch*

abgeleitet wurde. Vielleicht liegt eine Parallele zu den Worten *adam* (Mensch) und *adama* (Erdboden) in 2,7 und 3,19 vor. Der Mensch wurde vom Erdboden gebildet, während die Frau aus dem Mann gebildet wurde.

Kapitel 4

1. In Psalm 139 erwähnt David, unmittelbar nachdem er darüber nachgedacht hat, wie er von Gott im Mutterleib gemacht wurde, das Wort Gottes (V. 17-18).

Kapitel 5

1. Obwohl Satan zweifellos während der gesamten biblischen Geschichte am Werk ist, beschreibt das Alte Testament vier spezielle »Auftritte« des Teufels. Er versuchte Eva (1Mo 3); er erhielt die Erlaubnis, Hiob anzugreifen (Hi 1 – 2); er versuchte David (2Sam 24; 1Chr 21); und er verklagte den Hohenpriester Joschua (Sach 3). Wer diese vier Stellen und ihre Bedeutung für die heutige Gemeinde näher kennenlernen will, dem sei mein Buch *The Strategy of Satan* (Tyndale House) empfohlen. Wenn Sie Satans Wesen und seine Listen besser verstehen wollen, können Ihnen auch folgende Bücher helfen: *The Voice of Devil* von G. Campbell Morgan (Baker, Nachdruck); *I believe in Satan's Downfall* von Michael Green (Eerdmans); *Satan: His Motives and Methods* von Lewis Sperry Chafer (Zondervan); *Your Adversary the Devil* von Dwight Pentecost (Zondervan); *The Invisible War* von Donald Grey Barnhouse (Zondervan); und *The Adversary* von Mark Bubeck (Moody Press); *Ein Blick hinter die Kulissen. Wer regiert – Gott oder Satan?* von Erwin W. Lutzer (CV Dillenburg).
2. Samuel Butler, *The Note Books of Samuel Butler*, herausgegeben von Henry F. Jones (New York: E.P. Dutton, 1921), 217.
3. Charles Neider, *The Complete Essays of Mark Twain* (Garden City, New York: Doubleday, 1963), 237. Wie Butler sagt Twain: »Wir haben nichts in den Händen als das Belastungsmaterial, und dennoch haben wir das Urteil schon gesprochen.«
4. Viele Bibelausleger glauben, dass sich der Fall Satans (Luzifers) hinter der Beschreibung der Niederlage des Königs von Babylon verbirgt. Sie ist in Form eines »Spottlieds« gehalten und findet sich in Jesaja 14,12-17. John Milton griff diese Szene auf und stellt sie (in ausgeschmückter Form) in seinem Werk »Paradise Lost« (»Das verlorene Paradies«) dar.

5. In 1. Mose 3,1-5 gebrauchen sowohl Satan als auch Eva im Plural stehende Pronomen, was darauf hindeutet, dass Adam vielleicht dabei gewesen ist, aber nichts gesagt hat. Es ist aber auch möglich, dass Satan und Eva mit diesen Fürwörtern im Plural einfach Adam einbeziehen, weil er derjenige war, dem Gott ursprünglich das Verbot bezüglich der Bäume gegeben hatte (Kap. 2,15-17). Da Gott Pronomen in der Einzahl gebrauchte, als er zu Adam sprach, hat Eva durch ihren Mann von dem göttlichen Gebot erfahren.
6. Viele Menschen, die behaupten, »außerkörperliche Erfahrungen« gemacht zu haben, berichten, dass sie keine Angst verspürten, weil sie »ein helles Licht am Ende des dunklen Tunnels« sahen. In der Annahme, dieses Licht sei die himmlische Gegenwart Gottes, waren sie zuversichtlich, dass sie bereit wären, Gott zu begegnen. Doch Satan, der alles nachäfft, weiß, wie man Licht hervorbringen kann, und ahmt sogar die Engel Gottes nach.
7. Evas unschuldige Reaktion auf die Worte eines sprechenden Tieres ist ein weiteres Argument dafür, dass Adam nicht dabei war. Anderenfalls müssen wir annehmen, dass Menschen und Tiere in Eden imstande waren, miteinander zu sprechen. Da Adam alle Tiere benannt hatte, wäre ihm die Schlange als stummes Tier bekannt gewesen. Man hat Adam beschuldigt, nicht bei seiner Frau gewesen zu sein, doch er musste ja arbeiten und der Garten war wahrscheinlich groß. Was Adam als den »Hüter« des Gartens betrifft, so spricht 1. Mose 2,15 vom »Bebauen« und »Bewahren« des Gartens (Rev. Elberf). Das hier mit »bewahren« übersetzte hebräische Wort kann ebenso »behüten« (Menge) bzw. »bewachen« (Jerusalemer) bedeuten. In der letztgenannten Form wird es auch in Kapitel 3,24 in der Revidierten Elberfelder Bibel wiedergegeben. Doch da über der Schlange das göttliche Urteil »gut« stand, fragt man sich: Welchen Grund hätte Adam für die Annahme haben sollen, dass sie zu einem widergöttlichen Plan gehörte und dass seine Frau gefährdet war? Im Nachhinein sind wir ja immer klüger. Doch was hätten wir an seiner Stelle getan?
8. Wenn Jesaja 14,12-15 eine Beschreibung des Falls Satans ist, dann offenbart die Aussage *»Ich will … dem Höchsten mich gleich machen«* (V. 14) das Ziel, das sich hinter der satanischen Rebellion verbarg: Er wollte Gott gleich sein. Da er dieses Ziel nicht erreichte, gibt er jetzt dieses Verlangen in Form eines Versprechens an Eva weiter. Satan sucht Anbetung und Dienst (Satansdienst statt Gottesdienst) – Vorrechte, die nur Gott, dem Herrn, zustehen (Mt 4,8-10).
9. Es ist interessant, 1. Mose 3,8 (*»bei der Kühle des Tages«*) und 18,1 (*»bei der Hitze des Tages«*) gegenüberzustellen. Als Gott in den Garten kam, wollte er den Menschen zur Vergebung rufen, doch als er Abraham besuchte, kündigte

er ihm – unter anderem – an, dass er die gottlosen Städte der Ebene zerstören wollte.

10. Beachten wir drei interessante Fragen, die Gott im ersten Buch Mose stellt: *»Wo bist du?«* (3,9) *»Wo ist dein Bruder?«* (4,9) und *»Wo ist deine Frau?«* (18,9).
11. Die griechische Vorsilbe *anti* bedeutet (im Zusammenhang mit »Christus«) sowohl »anstelle von Christus« (d.h. ein falscher Christus) als auch »gegen Christus«. Bereits im ersten Jahrhundert gab es »Antichristen« (Irrlehrer), die der Gemeinde widerstanden (1Jo 2,18-29), und sie gibt es noch heute. Irrlehrer kann man daran prüfen, was sie im Blick auf Person und Werk Jesu Christi lehren.
12. Die hebräische Wendung in 1. Mose 2,17 lautet wörtlich »sterbend wirst du sterben«, d.h., »du wirst gewiss sterben«. Damit wird sowohl eine Entscheidung als auch ein Prozess angedeutet. Wer stirbt, ist von Gott getrennt. Das erlebten unsere Stammeltern in dem Augenblick, da sie gesündigt hatten. Doch Tod bedeutet auch Trennung des Geistes vom Leib (Jak 2,26). Dieser Prozess des Sterbens begann mit ihrem Ungehorsam und endete viele Jahre später, als ihr irdisches Leben zu Ende ging. Aufgrund des Gesetzes der Sünde und des Todes ist das Leben durch fortwährenden Kampf zur Überwindung des Todes gekennzeichnet. (Adam und Eva sowie ihre Nachkommen kamen unter den Zwang des Todes – im Gegensatz zu Jesus Christus, Joh10,18.)
13. Der erste Adam war ein Übeltäter und wurde aus dem Paradies vertrieben. Der letzte Adam sagte, als er am Kreuz hing, zu einem Übeltäter: *»Heute wirst du mit mir im Paradies sein«* (Lk 23,43).

Kapitel 6

1. William Shakespeare: *Wie es euch gefällt*, 2. Akt, 7. Szene (Original: *As You Like It*).
2. Es ist oft gesagt worden, dass man automatisch ein Kind des Teufels ist, wenn man kein Kind Gottes ist. Ich stelle diese evangelikale Redensart jedoch in Frage. Epheser 2,1-3 lehrt, dass wir von Natur aus als *»Kinder des Zorns«* geboren wurden und aufgrund eigener Entscheidung *»Söhne des Ungehorsams«* werden. Wenn wir Christi Gerechtigkeit ablehnen und uns auf die eigene Gerechtigkeit verlassen, werden wir »Kinder des Teufels«. Siehe dazu die Ausführungen über 1. Mose 3,15 in Kapitel 5 unter der Überschrift »Die Strafe«.
3. Sie finden diese Reihenfolge in 1. Johannes 1,6.8 und 10.

4. Der gerechte Abel (Mt 23,35) redet heute sowohl durch sein Opfer (Hebr 11,4) als auch durch sein vergossenes Blut (Hebr 12,24) zum Volk Gottes. In der letztgenannten Stelle stellt der Verfasser das Blut Christi und das Blut Abels gegenüber. Das Blut Abels redet von der Erde her, doch Christi Blut redet vom Himmel her. Abels Blut schreit nach gerechter Vergeltung, doch Christi Blut zeugt von Gerechtigkeit, der am Kreuz Genüge getan wurde. Abels Blut zeugte von Kains Schuld und ließ ihn zu einem Umherirrenden werden, während Christi Blut Ausdruck der Gnade und Vergebung ist und glaubende Sünder mit Gott versöhnt.
5. Die Tafel außerhalb der »Kammer des Holocaust« in der Gedenkstätte auf dem Zionsberg in Jerusalem trägt die Inschrift: »Höre, der Schrei des Blutes deines Bruders!«
6. Wir wissen nicht, wie viele Menschen zu dieser Zeit lebten, obwohl uns gesagt wird: Adam *»zeugte Söhne und Töchter«* (Kap. 5,4). Noch waren die Auswirkungen der Sünde auf den menschlichen Körper bzw. die Schöpfung nicht so gravierend, so dass die Menschen damals länger lebten und wahrscheinlich mehr Kinder hatten.
7. Wir dürfen uns Kains »Stadt« nicht wie unsere modernen Städte vorstellen. Sie war vielmehr eine Siedlung, worin Menschen lebten, um einander zu helfen und zu schützen. Einige lebten in Zelten, während andere festere Wohnungen bevorzugten. Gewöhnlich diente eine Mauer dem Schutz der Bewohner.

Kapitel 7

1. Einige Ausleger des Alten Testaments warnen davor, uns hinsichtlich der biblischen Chronologie zu sehr auf die Verzeichnisse in 1. Mose 5, 10 und 11 zu stützen. Vergleiche mit anderen Stammbäumen in der Schrift lassen erkennen, dass diese Verzeichnisse möglicherweise unvollständig sind.

   Da die Stammbäume in 1. Mose 5 und 11 jeweils zehn Generationen aufzählen, können wir schlussfolgern, dass sie bewusst so angeordnet worden sind (siehe auch Rut 4,18-22). Außerdem gebrauchten antike semitische Völker den Begriff »Vater«, um männliche Vorfahren jedweder Art zu bezeichnen.
2. Das mit »anrufen« übersetzte hebräische Wort bedeutet sowohl »im Namen Gottes beten« als auch »seinen Namen im Gottesdienst ausrufen«. Der Satz kann ebenso mit »Menschen fingen an, sich den Namen des HERRN zuzurufen« bedeuten. Wahrscheinlich treffen alle drei Bedeutungen zu: Der gläubige Überrest kam zusammen, um Gott zu preisen und ihn um Hilfe anzurufen.

Außerdem erkannten sie dadurch einander immer wieder als diejenigen, die seinen Namen trugen.
3. Wenn man das Alter Metuschelachs, Lamechs und Noahs bei der jeweiligen Geburt ihrer ältesten Söhne zusammenrechnet (187 + 182 + 500) und die 100 Jahre zwischen 5,32 und 7,11 hinzufügt, kommt man auf einen Gesamtbetrag von 969 Jahren.
4. Siehe *Earth's Earliest Ages* von G.H. Pember (Revell) und die Schriften von E.W. Bullinger, insbesondere *The Companion Bible* (The Lamp Press) und *How to Enjoy the Bible* (London: Eyre and Spottiswoode, 1928). James M. Gray vertritt in seinem *Christian Worker's Commentary* (Kregel, Nachdruck) ebenfalls die »Engeltheorie«. Wer *eine kompetente Widerlegung* der »Engeltheorie« sucht, sollte *Studies in Problem Texts* von J. Sidlow Baxter (Zondervan) lesen. Man kommt zu dieser Theorie, wenn man in einige schwierige Stellen willkürlich etwas hineinliest (Jud 6-7; 1Petr 3,19-20; 2Petr 2,4-9) und mehrere grundlegende hermeneutische Prinzipien übersieht.
5. »Söhne [Kinder] Gottes« kann sich auch auf Menschen beziehen. Siehe 5. Mose 14,1; Psalm 82,6; Jesaja 43,6; Hosea 11,1.
6. Gott der Vater ist angesichts der Sünde des Menschen auf Erden tief betrübt (1Mo 6,6; vgl. Menge), während die Verhärtung der Herzen religiöser Menschen Gott den Sohn betrübte (Mk 3,5). Gott der Geist kann durch die Sünden der Heiligen betrübt werden (Eph 4,30).

Kapitel 8

1. *The Genesis Record* von Henry M. Morris (Baker, 1976), 180 ff. Siehe auch *Die Sintflut* von Henry M. Morris und John J. Whitcomb jr. (Hänssler-Verlag; Original: *The Genesis Flood*, Baker, 1967) und *Studies in the Bible and Science* von Henry M. Morris (Baker, 1966).
2. Die drei Jungen werden gewöhnlich als Noahs Söhne bezeichnet, ohne dass ihr Name erscheint (Kap. 6,18; 7,7; 8,16.18; 9,1.8). An keiner Stelle erfahren wir den Namen von Noahs Frau oder den Namen seiner drei Schwiegertöchter. Gottes Bund mit Noah schloss alle Angehörigen seiner Familie ein.
3. Wer eine ausgewogene, zur Sichtweise einer begrenzten Flut neigende Erörterung beider Standpunkte sucht, sollte *The Genesis Book: An Introduction Commentary* von Ronald F. Youngblood (Baker, 1991; 2. Auflage), Kapitel 10, lesen.
4. Obwohl es stimmt, dass das hebräische Wort für »Erde« auch »Land« bedeuten kann, passt der letztgenannte Begriff nicht zu den allumfassenden Aussa-

gen des Textes, wie z.B. Kapitel 6,12-13. Dort kündigte Gott an, *»alles Fleisch«* austilgen zu wollen (siehe auch »alles Bestehende«, Kap. 7,4).

5. Wer argumentiert, dass der Bau der Arche ein »Zeugnis gegenüber den Menschen« war, lässt außer acht, was Gott über die Arche selbst sagte. Ihr Zweck bestand nämlich darin, Menschen und Tiere während der Sintflut am Leben zu erhalten (Kap. 6,19-20; 7,23). Obwohl der Bau der Arche zweifellos Aufmerksamkeit erregte, wird im Text nicht erwähnt, dass die Arche als Zeugnis gegenüber den Verlorenen diente.
6. Die neutestamentliche Taufe geschah durch Untertauchen und ist ein Sinnbild dafür, dass sich der Gläubige mit Christus in Tod, Begrabenwerden und Auferstehung einsmacht (Röm 6).
7. *Exposition of Holy Scripture* von Alexander Maclaren (Baker, 1974), Bd. 1, 84.

Kapitel 9

1. Mose nahm dies in Anspruch, als er sich vor Gott für die in Sünde gefallenen Israeliten einsetzte: *»Denke an ... Abraham, Isaak und Israel«* (2Mo 32,13). Auch Nehemias wiederholtes Gebet lautete ähnlich (Neh 13,14.22.29.31). Wer Gott bittet, an etwas zu denken, erinnert ihn an seine Verheißungen und nimmt diese Verheißungen für sich in Anspruch (Ps 25,6-7; 105,8.42; 106,4.45; 132,1; 136,23). Maria freute sich darüber, dass Gott in seiner Barmherzigkeit gedachte (Lk 1,54-55), und Zacharias besang diese Tatsache bei der Geburt von Johannes dem Täufer (Lk 1,72-73). Der Name Zacharias bedeutet »Gott gedenkt«.
2. Hinsichtlich der speziellen Fürsorge Gottes für Tiere lese man in Kapitel 10 den Abschnitt unter der Überschrift »Freut euch am Leben«.
3. Siehe 1. Mose 28,15; 5. Mose 4,31; 31,6; Josua 1,5; 1. Könige 8,57; 1. Chronik 28,9.20; Jesaja 42,16; Matthäus 28,20; Hebräer 13,5.
4. Kay Orr ernannte mich in seiner Amtszeit als Gouverneur von Nebraska zum Admiral der Marine von Nebraska. Als ich einen Alteingesessenen fragte, warum Nebraska eine Marine habe, erklärte er, dass sich unter diesem Bundesstaat ein riesiges »Wasserreservoir« befinde, wodurch auch die ausgedehnten landwirtschaftlichen Bewässerungsanlagen ermöglicht würden, die man bei einer Fahrt auf der Autobahn 80 sieht. Nebraska verfügt auch über einige der reichhaltigsten »Ausgrabungsstätten« für Überreste prähistorischer Tiere. Sollten wir derartige Tatbestände der Sintflut zuschreiben? Vielleicht.
5. Seit dem Auszug aus Ägypten hatten die Israeliten sowohl einen bürgerlichen

als auch einen gottesdienstlichen Kalender. Das bürgerliche Jahr begann im siebten Monat (Tischri), nach unserer Rechnung Mitte September bis Mitte Oktober, während das gottesdienstliche Jahr mit dem Passah am vierzehnten Tag des Nisan (2Mo 12,2), nach heutigem Kalender also Mitte März bis Mitte April, anfing. Der Monat Nisan ist der siebte Monat des *bürgerlichen* Jahres, wobei der siebzehnte Tag des siebten Monats drei Tage nach dem Passah, mit *dem Auferstehungstag unseres Herrn*, übereinstimmt. Dies erklärt, warum Petrus die Arche mit der Auferstehung Jesu Christi in Verbindung brachte (1Petr 3,18-22), denn die Arche kam zu dem Zeitpunkt auf dem Ararat zu stehen, da unser Herr aus den Toten auferstand.

6. Bereits seit der Zeit der Kirchenväter haben Verkündiger die beiden Vögel als Veranschaulichungen der beiden Naturen (und der beiden Arten des Verlangens) im Kind Gottes – des Fleisches und des Geistes – angesehen (Gal 5,16-26). Die Taube ist zweifellos ein Typus des Geistes Gottes (Mt 3,18).
7. Gottes Anliegen besteht darin, dass die ganze Familie errettet wird und ihm ergeben ist. Darum wies er die israelitischen Väter und Mütter an, ihre Kinder das Wort zu lehren. Siehe 5. Mose 6,4-9 und Psalm 78,1-8; 102,29; 103,17-18; 112,1-2. Zu Pfingsten erklärte Petrus, dass Gottes Verheißung die Kinder der Zuhörer einschloss, damit auch sie zum Glauben kommen und errettet werden (Apg 2,38-39). Paulus gab dem Kerkermeister von Philippi die gleiche Zusicherung (16,31). Obwohl wir nicht für unsere Kinder glauben können, sind wir imstande, unseren Kindern den Weg zum Glauben zu bereiten.
8. Mit dem Brandopfer war auch Sühnung für Sünden (3Mo 1,4; Hi 1,5) und Danksagung gegenüber Gott verbunden.
9. Gott war es, der für die Opfer Vorkehrungen getroffen hatte. Er hatte ja Noah geboten, die reinen Tiere zu sich in die Arche zu nehmen (1Mo 7,2-3). Was wir Gott geben, hat er uns zuvor anvertraut (1Chr 29,14). Wir geben Gott nichts, weil ihm etwas fehlen würde (Ps 50,7-15) oder er etwas nötig hätte (Apg 17,24-25). Wenn wir etwas geben, freut er sich, aber nicht in dem Sinne, als könnten wir Gott reich machen. Vielmehr ist der Gebende der reich Beschenkte (Phil 4,18).

Kapitel 10

1. Siehe *Precious in His Sight: Childhood and Children in the Bible* von Roy B. Zuck (Baker, 1996). Dieses Buch sollte von allen Eltern, Pastoren, Kindermitarbeitern und Lehrern gelesen werden.

2. »Doch ihr sollt kein Fleisch von einem noch lebenden Tier essen.« So übersetzt Stephen Mitchell 1. Mose 9,4 in *Genesis: A New Translation of the Classic Biblical Stories* (New York: HarperCollins, 1996), 17. Da im Blut das Leben ist, wird Fleisch, worin sich noch Blut befindet, als lebendiges Fleisch angesehen.
3. Bei der Beratung in Jerusalem (Apg 15) ging es nicht um gesundheitliche, sondern um theologische Aspekte: Muss ein Nichtjude Jude werden, um ein Christ werden zu können? Die Antwort war natürlich ein überwältigendes »Nein«. Eine ähnliche Frage, womit sich Paulus in Römer 14 und 15 befasste, lautete: »Muss ein Christ als Jude leben, um ein guter Christ zu sein?« Hier ging es um Liebe des Einzelnen: Tue nichts, was schwächeren Christen ein Anstoß sein könnte, und hilf ihnen, die Schwachheit zu überwinden! Hilf ihnen, die Wahrheit zu erkennen und sich glaubensvoll an sie halten zu können!
4. Nach dem Mosaischen Gesetz musste ein Tier, wenn es einen Menschen zu Tode gebracht hatte, ebenfalls getötet werden. Wenn das Tier als gefährlich bekannt, aber nicht sicher verwahrt worden war, stand der Besitzer des Tieres in der Gefahr, selbst getötet zu werden (siehe 2Mo 21,28-32).
5. Im Blick auf eine biblische Untersuchung der Todesstrafe siehe *On Capital Punishment* von William H. Baker (Chicago: Moody Press, 1985). Siehe auch den meisterhaften Essay von C.S. Lewis »The Humanitarian Theory of Punishment« in *God in the Dock. Essays on Theology and Ethics*, herausgegeben von Walter Hooper (Grand Rapids: Eerdmans, 1970), 287-294 (auf Deutsch erschienen als »Gott auf der Anklagebank«, Brunnen-Verlag).
6. In Psalm 104 wird hervorgehoben, dass die gesamte Schöpfung von Gott abhängig ist und ihn anbetet. Dazu gehören die Tiere des Feldes (V. 11.21), die Vögel (V. 12.17), das Vieh (V.14) und der Mensch (V. 14.23).
7. Richard K. Curtis. *They Called Him Mr. Moody* (Grand Rapids: Eerdmans, 1967), 53.

Kapitel 11

1. »Life With Mother« von Russell Baker, in *Inventing the Truth*, herausgegeben von William Zinsser (New York: Book-of-the-Month Club, 1987), 49.
2. 2. Mose 20,5-6 und 34,7 sorgen bezüglich dieses Grundsatzes für die nötige Ausgewogenheit: Gott straft die Kinder für die Sünden der Väter, *wenn deren Sünden von den Kindern erneut begangen werden*. Dies ist häufig der Fall. Ganz gleich, ob aufgrund eines vererbten Defekts oder infolge der Wirkung schlechter Vorbilder – Kinder treten manchmal in die Fußstapfen ihrer Eltern.

3. Einige Ausleger betrachten diese »Knechtschaft« nicht als »Sklaverei«, sondern als Dienstbarkeit gegenüber anderen Völkern, wobei dieser Gedanke in Noahs Aussage vielleicht inbegriffen ist. Einige der hamitischen Zivilisationen haben die Welt in materieller und intellektueller Hinsicht entscheidend vorangebracht.
4. Angesichts dessen, was mit Noah geschah, ist der Hinweis darauf wichtig, dass das Wort »Blöße« 14-mal in diesem Kapitel vorkommt. »Die Blöße aufdecken« bedeutet natürlich, »geschlechtlichen Umgang mit der betreffenden Person zu haben« – eine Ausdrucksform, die in der Mengebibel verwendet wird.
5. Damit ist nicht das moderne Äthiopien, sondern ein afrikanisches Volk gemeint, das in manchen Übersetzungen mit »Kusch« bezeichnet wird. Kusch war ein Sohn Hams.
6. Wir haben bereits festgestellt, dass es zehn Generationen von Adam bis Noah (1Mo 5), von Sem bis Abraham (Kap. 11,10-26) und von Perez bis David (Rt 4,18-22) gab. Der von Matthäus aufgezeichnete Stammbaum unseres Herrn von Abraham bis Christus hält sich an das Muster von drei Zyklen zu je vierzehn Generationen (Mt 1,1-17). In 5. Mose 32,8 heißt es, dass die Nationen *»nach der Zahl der Söhne Israel«* voneinander getrennt wurden. Bezieht sich das auf die siebzig Angehörigen der Familie Jakobs (Israels)? In einigen Übersetzungen heißt es *»nach der Zahl der Söhne Gottes«* (vgl. Anmerkung Rev. Elberf). Dies hat möglicherweise mit den Engeln (Hi 1 – 2) zu tun, da es nach jüdischer Tradition siebzig »territorial gebundene Engel« gab, wobei jedem davon eine Nation unterstellt war (Dan 10,12-21).
7. Ich habe einmal die Aufschrift »Rod und Nimrod« (im Englischen steht »rod« u.a. für »Angelrute«) über einem Sportartikelgeschäft gesehen. Dies deutete darauf hin, dass man dort Ausrüstungsgegenstände für Angler wie auch für Jäger verkaufte.
8. Möglicherweise leitet sich der Name »Hebräer« von »Eber« ab – ein Sachverhalt, dem jedoch nicht alle Kenner der hebräischen Sprache zustimmen. Einige bringen »Hebräer« mit einem Wort in Verbindung, das »hindurchziehen« bzw. »überschreiten« bedeutet. Damit ist »der von jenseits Kommende«, also ein »Umherziehender« bzw. »Fremder« gemeint (1Mo 14,13). Abraham wurde als Fremder »Hebräer« bezeichnet (1Mo 14,13), ebenso Joseph in Ägypten (Kap. 39,14; 41,12; 43,32).
9. Im Jahre 1868 schlug Robert S. Candlish eine interessante Auslegung dieses schwierigen Verses vor. Er brachte vor, dass Gott Eber gesagt habe, wie er die verschiedenen Nationen voneinander trennen und wohin er sie senden werde. Nimrod habe versucht, die Menschen unter seiner Herrschaft zu vereinigen,

doch Gott machte seine Bemühungen zunichte, indem er die verschiedenen Sippen zerstreute. Siehe *Studies in Genesis* von Robert S. Candlish Grand Rapids: Kregel Publications, 1979), S. 172-173.

10. Dr. A.T. Pierson sagte oft: »Gott schrieb das Drehbuch der Geschichte!«

Kapitel 12

1. Selbst dort, wo Menschen die gleiche Sprache sprechen, gebrauchen sie vielleicht unterschiedliche lokale Dialekte, während sogar die gleichen Worte an unterschiedlichen Orten verschiedene Bedeutungen haben können. George Bernard Shaw soll gesagt haben, dass England und die USA zwei Länder sind, die durch eine gemeinsame Sprache getrennt sind.
2. Beard umschrieb damit eine Aussage des griechischen Dramatikers Sophokles: »Wen Zeus zugrunde richten will, macht er zunächst wahnsinnig.« Diese Aussage bürgerte sich als Sprichwort ein, und in vielen Sprachen erschienen verschiedene Fassungen davon.
3. *Wrestling with Angels*, von Naomi H. Rosenblatt und Joshua Horowitz (New York: Dell Publishing, 1995), 82.
4. Damit soll nicht gesagt werden, dass die weltumspannende Technik und weltweit agierende Megakonzerne von Natur aus unbedingt unheilvolle Gebilde sind. Es geht um Geist und Ziele dieser »Türme«, die der Christ meiden muss. *»Seid nicht gleichförmig dieser Welt«* (Röm 12,2). *»Und die Welt vergeht und ihre Begierde, wer aber den Willen Gottes tut, bleibt in Ewigkeit«* (1Jo 2,17). Wir können als Angehörige des Volkes Gottes die weltumspannende Technik weithin nutzen, um das Evangelium zu verbreiten und die Gemeinde zu bauen, müssen aber im Glauben an Gott und daran festhalten, ihn zu verherrlichen. Die Bibel warnt Gläubige wiederholt davor, sich mit der Ordnung dieser Welt einszumachen, denn dann würden sie wie diese letztendlich gerichtet werden (Jes 48,20; Jer 50,8; 51,6.45; 1Kor 11,32; Offb 18,4).
5. Siehe *Das Technopol. Die Macht der Technologien und die Entmündigung der Gesellschaft* von Neil Postman (S. Fischer: Frankfurt am Main, 199; Original: *Technopoly: The Surrender of Culture to Technology*, New York: Knopf, 1992, Nachdruck, Vintage Books, 1993) und *The Technological Bluff* von Jacques Ellul (Grand Rapids: Eerdmans, 1990).
6. Ihre Namen wurden später von Abram in Abraham und von Sarai in Sara umgeändert (1Mo 17,1-17).

Kapitel 13

1. Bedauerlicherweise wurde mehrfach eine Frage zu einem Problem aufgebauscht. Es geht darum, welches Pronomen wir benutzen sollten, wenn wir Gott anreden. Die Bibel gebraucht fortwährend »er«, was aber nicht bedeutet, dass das männliche Geschlecht gottähnlicher wäre. Gott ist Geist, wobei Geistwesen (einschließlich Engel) geschlechtslos sind. Aus irgendeinem Grund haben diejenigen, die sich daran stören, Gott mit »er« anzureden, nichts dagegen, im Falle Satans »er« zu gebrauchen. Dennoch ist auch Satan ein Geistwesen und damit geschlechtslos.

vom gleichen Autor

durchs Jahr

Andachten von

Warren W. Wiersbe

Dieses tägliche Andachtsbuch ist eine Zusammenfassung von Wiersbes besten inspirierenden Texten zu den Büchern des Alten und Neuen Testaments. Wenn man auf der Suche nach leicht verständlichen und doch gehaltvollen Andachten ist, dann wird man in diesem täglichen Begleiter viele Anregungen und Einblicke für jeden Tag des Jahres finden. Jede der 366 kurzen Andachten schließt mit einem Bibelvers, einem Vorschlag zur Bibellese und einer praktischen Anwendung. »Dies ist Ihr Buch! Nutzen Sie es also auf die Weise, die Ihnen am besten hilft, den Weg mit dem Herrn zu gehen«, schreibt Wiersbe.

Christliche Verlagsgesellschaft Dillenburg

www.cv-dillenburg.de